你的销售

走出销售误区，打赢销售战争

错在哪里

潘鸿生◎编著

NIDE XIAOSHOU
CUOZAI NALI

新华出版社

图书在版编目（CIP）数据

你的销售错在哪里 / 潘鸿生编著 . -- 北京：新华
出版社，2019.7
　ISBN 978-7-5166-4750-9

　Ⅰ . ①你… Ⅱ . ①潘… Ⅲ . ①销售－方法 Ⅳ .
① F713.3

中国版本图书馆 CIP 数据核字（2019）第 143272 号

你的销售错在哪里

编　　著：潘鸿生	
责任编辑：李　宇	封面设计：U+Na 工作室

出版发行：新华出版社
地　　址：北京石景山区京原路 8 号　邮　　编：100040
网　　址：http://www.xinhuapub.com
经　　销：新华书店、新华出版社天猫旗舰店、京东旗舰店及各大网店
购书热线：010-63077122　　中国新闻书店购书热线：010-63072012
照　　排：博文设计制作室
印　　刷：永清县晔盛亚胶印有限公司
成品尺寸：145 mm×210mm　1/32
印　　张：7　　　　　　　　字　　数：150 千字
版　　次：2019 年 9 月第一版　印　　次：2019 年 9 月第一次印刷
书　　号：ISBN 978-7-5166-4750-9
定　　价：38.00 元

前　言

　　销售在现代社会中是一个时刻充满活力的职业，也是一项极具挑战性的工作，即使在同样的市场领域从事同样产品的销售，不同销售人员、不同销售团队之间，其业绩也可能天差地别。成为行业中众所瞩目的顶尖销售精英，打造强有力的卓越销售团队，是每个销售从业人员和销售管理者所渴望实现的目标。

　　遗憾的是，很多销售员每天都在辛苦地进行销售工作，但是业绩总是上不去，一次次与订单失之交臂，徘徊在成功的门外，为什么呢？

　　如果不算运气的原因，我可以负责任地说，你一定是在销售工作的某些问题上出现了错误——也许是因为你不够自信，也许是你因为没有做出详细的销售计划，也许是因为没有掌握关于自

你的销售 *错* 在哪里?

己产品的充足知识,也许是因为你没有学会遵守销售中的基本法则,也许是因为你不能充分了解消费者、无法满足他们的需求,也许是因为你不能随机应变……这都是销售中经常出现的错误。

其实,犯错误并不可怕,可怕之处在于不能正确看待错误,然后从错误中走出来。错误是每个人在生活中不可避免的一堂课。对销售人员来说也是如此。在销售的路上,任何销售员都会犯错。即便是世界顶级的销售员汤姆·霍普金斯、布莱恩·崔西、乔·吉拉德、原一平等等,他们无一没犯过错误。错误乃正确之源,失败乃成功之母。我们只有从错误中汲取教训,才能在下一次避免,从而在未来有所成就。

本书从日常销售工作出发,汇集了销售人员经常遇到的、可能会犯的错误,通过对案例进行描述、评析,给出了正确的解决方案,对于销售人员的具体操作有着明确的指导。本书不但适用于初涉销售行业的新手,也适用于销售行业的行家里手。同时,对于那些想让自己和团队的业绩上一个新台阶的销售教练和销售经理而言,本书更是他们最佳的指导手册。

对销售人员来说,错误、失败并不是无能的象征。知道自己为什么失败、错在哪里,这已经是一种财富。最后,希望大家早一天走出销售的误区,早一天沐浴财富的阳光。

2

目　录

第一章　心态不好，不思进取
——销售心态上易犯的错误

第二章 准备不够，盲目自大
——销售准备中易犯的错误

第三章 沟通失败，交流不畅
——销售沟通中易犯的错误

第四章　开发不利，错失机缘
——客户开发中易犯的错误

第五章　推介技巧差，产品就掉价
——介绍产品时易犯的错误

第六章　忽视需求,失去认同
——销售心理上易犯的错误

第七章　方法不对,难以成交
——成交方法上易犯的错误

第八章　异议不除，矛盾升级
——消除客户异议中易犯的错误

第一章 心态不好，不思进取

——销售心态上易犯的错误

错误1 对公司、产品及自己没有自信

很多销售新人，在第一次拜访客户时，由于对销售工作还不完全了解，对产品也不特别熟悉，因此，会有不自信的表现。

周鹏刚进入一家保险公司，但因为该保险公司是一家中外合资的寿险公司，刚刚进入中国市场，属于起步阶段，各个方面的发展还不够完善，因此周鹏的内心缺少一定的安全感，他害怕公司只是自诩实力雄厚。尽管潜在市场十分广阔，但是他却不敢轻信，始终对公司抱有怀疑的态度，心里总是难以安稳下来。所以进入公司前曾经的雄心壮志渐渐都被周鹏丢弃了，而且其工作热情不高。虽然公司的一切都在逐渐地步入正轨，业务员也越来越多，但是周鹏却越来越没有自信。每次出去面见客户，他心里总是不踏实，害怕客户问起公司的情况，或表示质疑。所以他推销公司各种险种时，总是闪烁其词，很难取得客户的信任，从而导致交易失败，最后周鹏不得不离开了公司。在他离开的一年后，该公司就得到了极大的发展，被市场广泛地接受。于是周鹏非常后悔当初没好好干。

上例中的周鹏没有认清公司的具体形势，就轻易地对公司失去信心，并且在消极心理的影响下，情绪低落、言行怯懦、消极怠工，使工作毫无建树，更加挫伤了自己的自信心，最终选择了离开，错过了良好的发展机遇。这就是信心不足导致的结果。

试想一下，一个连自己都不相信的人，如何让客户信任你和你的产品。所以，每个成功的销售员都要有强烈的自信心。那么，信心来自哪里？信心来自了解，了解我们的公司，了解我们所做的产品，了解我们的产品有哪些优缺点。除此之外，更重要的是了解我们的自身价值。发掘自己的潜力，相信自己绝对不会比任何人差。

具体来说，首先你应该对公司有个正确态度，即相信自己工作的公司是产业中最好的公司。如果你认为自己的公司在同行中并不出色，说明你并不喜欢自己的公司。事实上，并非所有的业务人员都能进入行业中第一名的公司。销售人员告诉自己所工作的公司是最好的，实际上，是在给自己学习销售技巧的机会和成长的空间。所以说，如果你选择了一家企业，选择了他们生产的优质产品，就一定要对公司、对产品满怀信心，并且时刻向顾客传递出一个强烈的信息：我们的公司有雄厚的实力，我们的产品是优质的、高效的，我们是一家有前途的公司，是一家注重长远的公司，是一家时刻为客户提供专业服务的公司。

销售人员认可公司的同时，也应该认可公司的产品。因为销售员对产品的态度会决定其业绩的高低。假如让你用一块钱换取别人十块钱的时候，你一定会紧张，因为那是欺骗，不是等值的交换。其实很多人害怕被客户拒绝，就是这样的心理，总觉得自己的产品不值那样的价钱，唯恐被客户看出破绽，总觉得在欺骗客户。所以，成交紧张的根源是对自己所销售的产品没有信心。

如果你用十块钱去换别人一块钱的时候，我相信你一定会理直气壮，心里坦然而从容，因为你给客户提供的产品是物超所值的。成交之所以心里有障碍，是因为对自己所销售的产品价值认识不够。所以说，了解自己所在的公司和产品，对一个销售员来说是相当重要的。如果一个销售员不了解自己的公司，对自己所销售的产品都不熟悉，那么，就没有人愿意与这样的外行销售人员打交道。因为你连自己所在的公司和所营销的产品都无法了如指掌，你也就根本无法说服客户信任你，更别提购买你的产品了。

作为公司的销售人员，你应该了解公司最基本的知识：1. 公司的创立背景以及销售理念；2. 公司的规模（生产能力，营销组织网络、职员数量等）、经济实力及信用（资本金、营销额及现期利润等）；3. 公司的战略、经营理念、方针、目标及经营政策；4. 公司在发展过程中所获得的荣誉、社会地位；5. 公司主要领导的名字及他们的资历；6. 公司的主要营销渠道及全国各地服务网设置。

对于你所销售的产品，你也应该熟悉相关知识：1. 产品的名称、基本性能、价格；2. 与同类竞争产品相比，在结构、性能、价格上的优点；3. 产品提供的售后服务。

一个销售员只有掌握了这些基本常识，对自己的公司及产品有一个正确的态度，才能在顾客面前昂首挺胸，大胆地介绍自己，推销自己的产品。

乔·吉拉德推销的是雪佛兰牌汽车，他当然清楚还有比雪佛兰牌更好的汽车，他也买得起其他任何牌子的车，但他坚持开雪弗兰。他说："你必须相信你的产品是同类中最好的。我发现许多雪佛兰经销商却坐着凯迪拉克和奔驰去上班，每当我看到他们这样做，我就觉得痛心。要是我推销雪佛兰却开其他牌子的车，我的客户见了就会想，吉拉德是不是不屑于坐他自己推销的车，在我看来，向客户传达这样的信息真是愚蠢之极。"

有市场，就有竞争的存在。要在竞争中获胜，熟悉自己的产品，掌握产品的相关专业知识是进行成功销售的前提。丰富的产品知识能使销售员快速地对客户提出的疑问做出反应。这不但可以增加销售员的自信心，还可以赢得客户对销售员和产品的信赖。如果一个销售员，对自己的产品不了解，还想当然地认为，客户会不加了解地就购买产品，这几乎是不可能的。这样的销售员也是不合格的，更无法赢得客户对产品的信任。

在产品高度同质化的今天，同类产品在功能方面没有多大的区别，只要公司产品符合国际标准、行业标准或者企业标准，就是合格产品，也就是公司最好的产品，就一定可以找到消费者。无论销售什么产品，只要你在心理上彻头彻尾地认为，你所销售的产品是最好的，那么，你一定能够将这种意识传达给顾客，一举攻破顾客的心理防线。

实践证明，只有对公司有信心，才能对产品有信心；只有对产品有信心，才能对自己有信心。所以，除了对公司及产品有信心之外，你还要对自己充满自信。

自信是成功的先决条件。你只有对自己充满自信，在客户面前才会表现的落落大方、胸有成竹，你的自信才会感染、征服客户，客户对你销售的产品才会充满信任。因此，树立起必要的自信，并将其恰当地展现给客户，让他们感觉到你充满信心、活力和希望的精神状态，就会令客户好感丛生，距离成交也就一步之遥了。

那么才能做到自信呢?

首先，要给自己一个心理暗示："我一定可以的。"不要小看这样一个心理暗示，因为在你说这一句话的时候，就在一定程度上给了自己很大的信心。

其次，想象成功。想一想你曾经怎样成功地说服客户，就会给你带来很大的鼓舞，想一下这次将要和客户交谈的问题，想一下说服他的过程，以及成功后的喜悦。那就会不断刺激你的神经，让你时刻都充满活力，充满自信。然后就会更有兴趣面对新的挑战。

另外，要不断地总结失败的教训，失败不是成功之母，总结才是成功之道，只有不断地从失败中吸取教训，你才会得到更好的进步。成功者都是在失败之后，总结失败的经验才得到成功。在销售中也一样，只有在每次失败之后，总结经验，才能做得更好。

销售是向客户提供利益的。销售人员必须坚信自己产品能够给客户带来利益，坚信自己的销售是服务客户，这样，你就会说服客户。反之，销售人员对自己的工作和产品缺乏自信，把销售理解为求人办事，看顾客的脸色，听客户说难听话，那么，你将一事无成。相信自己的产品，相信自己的企业，相信自己的成交能力，相信自己肯定能取得成功。这种自信，能使销售人员发挥出才能，战胜各种困难，获得成功。

错误 2　被动等待，从不主动

在销售中，有一些销售员心态不好，患得患失，对于达成交易的前景特别敏感。在这种心态的作用下，他们特别关注客户说的每一个字、每一句话。同时，他们也不能主动地提出与客户达成交易,唯恐此举会引起客户的不快而丧失订单。在达成协议之前的这段关键时期,销售员往往是在消极被动地等待。而这段时期是每次达成交易的关键时期,销售员的竞争者肯定也会利用这段难得的时期加紧攻关客户。因此,不能及时、主动地提出交易,只是消极被动地等待,反而往往让竞争对手抢占了先机。

在竞争异常激烈的时代,被动就会挨打,主动就可以占据优势地位。我们的事业、我们的人生不是上天安排的,是我们主动去争取的。如果你主动行动起来,不但锻炼了自己,同时也为自己未来的工作积蓄了力量。所以,优秀的销售人员必须主动出击,不能消极等待,唯有主动能赢得一切。

有一位归国华侨和一位开户在他行的炒汇户来一家银行办理取现金业务,金额是8万欧元。这种情况的结果大致上会有两种:一、8万欧元出去之后就回不来了;二、往好的方面想,那位华侨会将近80万元的人民币从他行再存入这家银行。碰巧那天受理该业务的是位新员工,在没有询问清楚的状况下他就准备予以支取,这时一位老员工发现这一问题后及时与两位客户沟通,积极向炒汇户介绍农行外币质押率高,且外汇交易点数低等优势。而华侨客户经过这位员工的热情接待,满意地把80万元人民币存为2年长期存款,并表示要将他行的5万多欧元再存入农行。最终这位员工既为农行增加了人民币、外币存款,又销售出贷款为农行创利,可谓赢利双丰收。

成交的机会往往是稍纵即逝的,从上面的事例中可以看出,销售人员只要能充分发挥自己的主观能动性,积极采取各种措施和办法，就能够捕捉和创造有利于自己的成交机会。

主动是一种态度，更是一种可贵的风范，它反映在人的思维、行动以及整体的气质面貌上。它体现了旺盛的生命激情。有效地激励自己，才能更大限度地促进自我的潜能开发。

美国一位寿险业的销售冠军，在被问到如何销售保险的时候，他说在大学的时候，全校几乎所有的美女都跟他约会过，问的人很纳闷："这跟保险有什么关系？"

他回答说："很有关系，因为这些所谓的校园美女，大部分的男士都不敢追求她们，她们都是被动的，都怕被拒绝。"

但是他知道，这些美女都是很寂寞的，他不断地主动出击，因此每次都奏效。

正因为他跟学校所有的美女都约会过，所以当他从事保险业的时候，他想，这些成功的人士，大家一定都不敢去拜访，或者认为他们已经买了保单。

然而，他不断地主动出击，不断地拜访他们，在说服了这些董事长购买保单之后，董事长的朋友也都纷纷跟进，这些成功人士还不断地介绍朋友给他，因此他成为保险业的佼佼者。

所以说，在成交的过程中，销售人员应该有一种积极主动的精神，一种敢于主动出击的魄力，去接近我们的客户，了解客户，推介我们的产品，赢得客户的信赖。

为此，我们在日常成交过程中应当做到：

1. 给客户良好的第一形象。销售员每天都要面对无数的陌生的潜在客户。因此,在接近每一个潜在客户时,形象的准备是我们进行主动出击前的必修课。因为,人的外在形象会给人暗示的效果,我们接近潜在客户前应尽可能使自己的外观形象给初次见面的客户良好的印象。

2. 主动开发和拓展客户。开发客户是销售人员业务开拓、业绩增长的需要。只有先开发客户,才能开展实际的销售工作。作为一个销售人员必须要过客户开发这一关,客户开发是检验你是否是一个合格的销售人员的试金石,也是你主要的经济收入来源。如果不会开发客户,那你就无法在这个市场上生存。

3. 主动询问客户需求。销售是满足客户需求的活动。在接近客户之后,你可以适时介绍我们的产品,同时应利用一切有利的条件和工具,主动询问客户的需求,了解客户的急需,同时为客户解决他的疑虑,引导客户达成协议,实现沟通目的。

4. 主动为客户着想。只有站在客户利益角度,主动地为客户着想,你才能发现事业的魅力,才有发展的机遇。在销售之路中,客户中各类人都有,我们的服务应当永远站在客户的立场考虑问题。作为销售人员,我们应该走出自己的心理定位,想尽办法走入客户的心理世界。我们的第一步不是卖产品,不是对客户需求做主观的判断,而是要培养对方成为我们的客户。当信任关系真正落实时,我们才能建立向客户传播正确理念的通道。

5. 主动学习,具备广博的知识。销售人员要和形形色色、各种层次的人打交道,不同的人所关注的话题和内容是不一样的,只有具备广博的知识,才能与对方有共同话题,才能谈得投机。因此,销售人员要主动地涉猎各种书籍,无论天文地理、文学艺术、新闻、体育等,只要有空闲,就要养成不断学习的习惯。

错误3 害怕拒绝，胆小懦弱

在销售中，有一些人很可能在遭受过一两次拒绝之后，产生了恐惧心理。这种恐惧多半来源于不敢与人打交道，我们管这个现象叫做：缺乏人际勇气。新的销售人员在这一点上尤为明显。由于缺乏人际勇气而遭到淘汰的销售人员高达40%以上，这些人多半是在入职后不长的时间就暴露出这样的问题。

美国销售员协会曾经对销售人员的拜访做长期的调查研究，结果发现：48%的销售人员，在第一次拜访遭遇挫折之后，就退缩了；25%的销售人员，在第二次遭受挫折之后，也退却了；12%的销售人员，在第三次拜访遭到挫折之后，也放弃了；5%的销售人员，在第四次拜访碰到挫折之后，也打退堂鼓了；只剩下10%的销售人员锲而不舍，毫不气馁，继续拜访下去。结果80%销售成功的个案，都是这10%的销售人员连续拜访五次以上所达成的。

由此可见，一般销售人员成果不佳，多半是由于一种共同的毛病，就是惧怕客户的拒绝。

被拒绝对销售员来说是一件非常沮丧的事情。它意味着自己为成交而准备的大量前期工作将付诸东流，前功尽弃。所以一些销售员由此丧失信心，经受不起这个无情的打击，最终在这个职业上淘汰了自己。而还有一些经验相对比较丰富的销售员，面对顾客拒绝的次数增多，也慢慢对自己的能力产生了怀疑，以至于患了成交恐惧症。

你的销售**错**在哪里?

有一位销售员因为常被客户拒之门外,慢慢患上了"敲门恐惧症"。他去请教一位老师,老师弄清他的恐惧原因后便说:"假设你现在站在即将拜访的客户门外,然后我向你提几个问题。"

销售员说:"请老师问吧!"

老师问:"请问,你现在位于何处?"

销售员说:"我正站在客户家门外。"

老师问:"那么,你想到哪里去呢?"

销售员答:"我想进入客户的家中。"

老师问:"当你进入客户的家之后,你想想,最坏的情况会是怎样的?"

销售员答:"大概是被客户赶出来。"

老师问:"被赶出来后,你又会站在哪里呢?"

销售员答:"就——还是站在客户家的门外啊!"

老师说:"很好,那不就是你此刻所站的位置吗?最坏的结果,不过是回到原处,又有什么好恐惧的呢?"

销售员听了老师的话,惊喜地发现,原来敲门根本不像他所想象的那么可怕。从这以后,当他来到客户门口时,再也不害怕了。他对自己说:"让我再试试,说不定还能获得成功,即使不成功,也不要紧,我还能从中获得一次宝贵的经验。最坏最坏的结果就是回到原处,对我没有任何损失。"这位销售员终于战胜了"敲门恐惧症"。由于克服了恐惧,他当年的销售成绩十分突出,被评为全行业的"优秀销售员"。

由此可见，在销售过程中，销售人员只有克服恐惧，才能自如地与客户交流。越是恐惧的事情就越去做它，你才可能超越恐惧，否则，恐惧就会成为你心理上的大山，永远横在你的面前。

其实，客户的拒绝并不可怕，几乎所有销售人员都有一个共同的感受和经历，就是成功的销售是从接受顾客无数次拒绝开始的。勇敢地面对拒绝，并不断从拒绝中汲取经验教训，不气馁不妥协，这是销售人员应学会的第一课。

在销售人员当中，曾流传着一个著名的笑话：如果你向100个人询问他们今天是否想买你的产品和服务，90%会回答"不"，剩下的10%会回答"见鬼，不"。可见，要取得销售的最终胜利，销售人员首先必须经受住顾客的拒绝，否则就无法抵达胜利的彼岸。很多销售人员遇到顾客的拒绝时，就会灰心丧气而放弃成交。实际上，顾客的拒绝也是一种很好的成交机会。因此，销售人员不要将顾客的拒绝理解为成交失败，而是将顾客的拒绝当做对自己的一种考验。

研究表明，一次成交失效，并不是整个成交工作的失败，销售人员可以通过反复的成交努力来促成最后的交易。销售人员切记，销售并非一帆风顺，顾客也不会在销售人员提出成交请求时，就立刻同意。请求，请求，再请求，就是一试再试，纵然顾客拒绝，销售人员还要继续请求，直至顾客最终感动愿意成交。

王凯是一家服装公司的销售员。有一次，他为了拓展服装的生意，积极进行着开发活动。他在打算进入一家店面之前，他准备先在店面附近的仓库出入口逛逛。这时，他听到仓库内传来了争吵的声音，面对这种形势，他觉得会对销售十分不利。但既然来了，便决定上前和店主打个招呼。

于是，他上前对店主说："您好！不好意思耽误您的宝贵时间，我只是想和您打个招呼而已。我叫王凯，是服装厂的。"他边说边恭敬地递上了自己的名片。

当然，他知道在这种情况下，不可能会推销成功的，他也只是抱着再来一次的心理。但是令他意想不到的是，店主看也没看一眼名片便把它丢在了地上，说："我不需要你的东西，请走远点。"

见到对方这种态度，王凯十分愤怒，但却压住了心中的怒火，弯下腰拾起被扔在地上的名片，并且说："很抱歉打扰您了！"

得知这种情况后，他的同事都认为这家店一定攻不下来，但是在半个月后，王凯还是再度前往拜访。

来到店中，店主十分不好意思，向他解释说自己那天的行为并不是故意的，只是当时心情不好，所以才会做出那种过火的行为。后来店主还欣然接受了他的推销，并且还成为了他的最佳顾客。

从这件事情可以看出，成功的销售员总是勇于面对顾客的拒绝。实际上，很多时候，被顾客拒绝并不意味着机会永远丧失。当销售人员遇到拒绝时，一定要首先保持良好的心态，要理解顾客的拒绝心理，要以顽强的职业精神、不折不挠的态度正视拒绝，千万不要因此而心灰意冷，放弃这项工作。如果你持之以恒，把所有的思想和精力都集中于化解顾客的拒绝之上，自然就会赢得顾客。

世界寿险首席推销员齐藤竹之助之曾说过："推销就是初次遭到顾客拒绝之后的坚持不懈。也许你会像我那样，连续几十次、几百次地遭到拒绝。然而，就在这几十次、几百次的拒绝之后，总有一次，顾客将同意采纳你的计划，为了这仅有的一次机会，推销员在做着殊死的努力，推销员的意志与信念就显现于此。"

有一位销售人员，他从40岁开始从事推销工作，在此之前他从来没有过任何的销售经验。可是不到一年半的时间，他就成了当地最杰出的销售人员，所创造的业绩纪录很久都没有人能打破。

有一次，有人问他："你是怎样成功的？难道你不怕被别人拒绝吗？"他说："老实告诉你，我还真的挺怕被客户拒绝。"

人们觉得很奇怪，就接着问："那每当客户不买你的产品时，你心里是怎么想的呢？"

他说："当客户不买我的东西时，我并不觉得他们是在拒绝我，我只是认为自己还没有解释清楚，他们还不太了解而已。"

"那你会怎么做呢？"

"很简单啊。既然他们不太了解，我就再换一种方式向他们解释，如果还不了解，那么我就再换一种，一直到客户完全了解为止。"

曾经有一个客户，他一直解说了一年多，换了20多种方式才终于让他了解了产品的优点及好处，从而向他购买了产品。

这位销售人员成功的秘诀在哪里呢？很简单，就是他对于"不"所下的定义。

成交肯定是有阻力的,如果每个人都排队去买产品,销售人员也就没有任何价值了。所以销售遭受拒绝是理所当然的,你一定要时常抱着被拒绝的心理准备,并且怀有征服顾客的自信。即使失败了,你也要冷静地分析顾客的拒绝方式,找出应对这种拒绝的方法来,待下次遇到这类拒绝时即可从容应对,成交率也会越来越高。

成功的人寻找原因,失败的人寻找借口。如果可以找到失败的原因并不断改进,成功就会离我们越来越近。在遭遇拒绝时,你只有树立了正确的成交信念,让自己的内心强大起来,敢于面对失败,敢于奋斗不息,敢于立即行动,才能走出一条完美的成交之旅。

从今天起,你就要不断地告诉自己:"成交是从拒绝开始的。"随着你勇敢地面对一次又一次的拒绝,你也会逐渐地成为成交高手。

错误 4 故步自封,不爱学习

在销售中,有一些销售人员一旦有了几次好业绩,便安于现状,停止学习,导致销售业绩一落千丈。

某公司有一名销售人员,学市场营销专业的。刚进公司的时候,由于专业的先天优势,他如鱼得水,获得不少展示才华的机会,接连在好几个投标项目中出彩,一时颇为得意。

一年多来，他一直以自己的专业文凭为荣，总觉得自己个人能力强，受过专业系统训练，别人是根本竞争不过他的。于是，他躺在功劳簿上吃起了老本。平时上班一有机会就偷闲玩游戏，上网聊天，对于与销售工作相关的领域没有丝毫涉猎，整天在自己营造的轻松氛围中度过。后来，几个不断学习的同事在销售业绩上有了显著的提升，而他却一直在原地徘徊，偶尔运气好的话，能出一两个小单子。

这个事例告诉我们，好业绩来自于好能力，好能力来自于学习力，所以做销售，若想一直业绩长虹，不屈居人后，就要持续学习，不断进修，让专业和技能精益求精。

著名推销老师原一平谈成功心得时说："我的成功并不是因为我是天才，是因为我善于学习，我知道每天太阳升起的时候就该起床，我不能睡懒觉。生命就是不停地奔跑，不停地追求。"对于销售员来说，销售产品不能只是夸夸其谈，要有真才实学，这样才能做到"真金不怕火炼"。表面上说得富丽堂皇，而自己却没有真才实学，一旦被客户切中要害，便会无以应对。因此，销售员绝不能眼高手低、掩耳盗铃。没有哪位客户会喜欢那些眼高手低腹中空、没有才学的销售员。没有才学，也就没有了吸引客户的资本，只能做一个普通的销售员，无法得到广大客户的认可。

原一平有一段时间，一到星期六下午，就会自动失踪。他去了哪里呢？

原一平的太太久惠原本对原一平的行踪一清二楚，但连续几个星期六下午对原一平的去向她却丝毫不知。为此，久惠很好奇地问原一平："星期六下午你到底去了哪里？"

原一平故意逗久惠说："去找小老婆啊！"

过了一段时间，久惠发现原一平的知识长进了不少，与她谈话的内容也逐渐丰富了。

久惠说："你最近的学问长进不少。"

"真的吗？"

"真的啊！从前我跟你谈问题，你常因不懂而躲避，如今你反而理解得比我还深入，真奇怪。"

"这有什么奇怪呢？"

"你是否有什么事瞒着我呢？"

"没有啊。"

"还说没有，我猜想一定跟星期六下午的小老婆有关。"

原一平觉得事情已到这地步，只好和盘托出。

原来，久惠是有知识、有文化的日本妇女，因原一平书读得太少，经常听不懂久惠话中的意思。另外，因业务扩大，认识了更多更高层次的人，许多人的谈话内容原一平也是一知半解。所以，为了自己的业务发展，为了增加自己的知识量，也为了从根本上提升自己，原一平把星期六下午定为进修的时间。每周原一平都事先安排好主题，然后利用星期六下午的时间，到图书馆去进修。

经过不懈的努力，原一平终于成为推销老师。

当今时代，知识更新越来越快，唯有不断学习新的知识和技能，充实和提高自己的能力和水平，才能适应实际工作的需要。

"活到老，学到老"，人生是一个不断充实自我、完善自我的过程。在销售这一行中，出类拔萃者无一不是拥有广博学识的人。真正优秀的销售员，永远不会认为自己已掌握了所有应当掌握的知识。任何浅尝辄止、学而满足的人都是无知的。而你的无知将直接影响你的销售业绩。

时代不断地变化，客户不断地成长。在这个飞速发展的时代，除了变化，没有什么东西是不变的。对销售员来说，学习是了解外部世界、跟上客户步伐的最有效途径。这就要求销售员要树立终身学习、不断充电的观念，随时掌握现代市场营销方面的新知识、新理论和新方法，才能适应激烈的市场竞争，保持一种时刻创新的品质。

任何人的学习都应该是终身的，即便你博学多才、学富五车，仍有你未涉及的领域，仍有你无法解答的问题。销售员应该从各方面不断丰富和完善自己，千万不要"白首方悔读书迟"。人的生命是有限的，但知识却是无限的，任何人要想成功都不能停止前进的步伐。

世界级保险销售员托尼·高登说："每个优秀的销售人员都应当了解自己的经营销售背景和前景，如果你想获得极大的成功，你就必须在自己的销售范围内成为一名专家。"事实上，我们都喜欢专业的人士，谁都不喜欢让一个不专业的医生来给他做手术。销售也一样，一个专业的销售员才能够得到客户的认可，所以，销售员应该努力学习让自己更专业一点。

首先，销售员应详细了解自己所销售产品的相关知识，诸如原材料及主要部件的质量、生产过程及生产工艺技术、产品的性能、产品的使用、产品的维修与保养、产品的售后保证措施等。同时，还要了解与之竞争的产品的相关知识。知己知彼，才能百战不殆！

如果你不了解这些知识，当买主夸大另一种产品的优点或受到竞争对手的诱导时，你就会很被动。如果能准确判断客户说的话，你就能掌握谈判的主动权，敢于坚持自己提出的条件。

其次，销售员还要掌握一定的企业知识，包括本企业在市场中所处的地位，企业产品的竞争优势与劣势如何，企业产品的售后服务情况等。

此外，还必须掌握与专业知识相关的内容，比如法律、股票、财会方面的知识。你还应该在社会学的范围内，研究人的行为模式、习惯以及不同年龄反映在性格上的差异等等。

总之，销售员要不断地提高自身的学识和修养，最起码应该熟练地掌握自己最基本的业务，这样在客户面前才不会显得外行。如果你知识渊博、满腹经纶，对什么都能说得头头是道，那么不仅可以找到与客户的共同语言，还能够用自己的才华来征服客户，让客户对你诚心佩服，那么销售产品也就是顺理成章的事情。

错误5 缺乏热情，没有冲劲

某公司有一个新销售人员，刚刚接受完培训，没什么经验，急于做生意，但却很少有机会出门。他的产品知识几乎是零，他的经验也是零。但使我们感到震惊的是，他没有出门，却做成一笔又一笔买卖。原因就在于，他用热情感染了客户。

过了一段时间，这个新销售人员成了一名老手。他学到的东西越来越多，他的经验越来越丰富，他对产品了解得一清二楚，他信心十足，精通销售。这时，他接受挑战的欲望开始减退，他对事情不再感到新鲜，热情的火苗渐渐熄灭。这个新销售人员变成了一名庸庸碌碌、无所作为、没有棱角的销售人员。

为什么会出现这种问题呢？原因很简单，这个销售员失去了最初做事的热情。

没有热情就没有销售。在销售活动中，热情是达成交易的一件利器。据研究表明，热情在销售中占的分量为95%，而产品知识只占5%。当你在掌握最基本的产品知识后，仍然不能将产品销售出去时，那是因为热情的分量太少。

美国哲学家、散文家及诗人拉尔夫·沃尔德·爱默生说过："没有热情，什么都不会成功。"热情是一种振奋剂，它可以使销售员乐观、勤奋、向上，对工作充满希望和自豪；热情是一种精神状态，可以鼓励销售员更好、更愉快地完成现有的工作，保持旺盛的精力，以锲而不舍的精神进行超常工作；热情可以使销售员结交更多的朋友，创造和谐的销售气氛，赢得顾客的信任和好感，创造出良好的业绩。

热情产生动力，动力决定一件事的结果。在销售过程中，尤其是跟客户讲话的时候，绝对要热情，这也是成功的基本要素之一。热情最能够感化他人的心灵，会使人感到亲切和自然，能够缩短你和顾客之间的距离。

你的销售**错**在哪里？

罗伯特·苏克是一个十分棒的保险销售员，后来创办了美国经理人保险公司。

有一次。他手下有个叫比尔的销售员当着大伙的面，抱怨自己负责的那块地盘不好。他说："我逐一访问了那个地区的20个销售对象，但一个也没成功。所以我想换个地盘试试。"罗伯特则不以为然，他说："我认为并不是地盘不行，而是你的心态不行。""我敢打赌，没有人能在那个地区做成买卖。"比尔固执地说。"打赌？"罗伯特说，"我最喜欢接受挑战！我保证一周之内，在你那20个名单目录中做成至少10桩买卖。"

一周后，罗伯特当众打开公文包，就像玩魔术似的，在会议桌上排了16份已签的保险合同单！大家惊呆了。"你到底是怎么做的？"比尔问。

"当我去拜访每一位顾客时，先自我介绍：我是保险公司的销售员。我知道，比尔上个星期到你这儿来过一趟。但我之所以再来拜访你，是因为公司刚刚出台一套新的保险方案，和以前的方案相比，它将给顾客带来更多的利益，而且价格一点儿也没变。我只想占用你几分钟时间，给你解释一下方案的变动情况。

"在他们还来不及说不时，我就先取出我们的保险方案——其实还是以前的那本手册，只不过我重新又抄了一遍而已。我也是逐条解释保险条款，只不过我倾注了极大热情。

　　当所有保险内容都解释完之后，顾客已经被我的热情所感染。变得和我一样兴致勃勃，每个人都非常感谢我带给他们超棒的保险方案，即便是那个没签保险合同的顾客也是这样。"

　　任何事业，要想获得成功，首先需要的就是工作热情。销售事业尤为如此，因为销售员整日、整月，甚至整年地到处奔波，辛苦销售商品，其所遭遇的失败不说，就是销售工作所耗费的精力和体力，也不是一般人所能承担的，再加上失败，甚至是连连失败对于心灵的打击，可想而知，销售员是多么需要工作热情和活力。可以说，如果没有诚挚的热情和蓬勃的朝气，那么销售员将一事无成。所以，销售员不仅要有健康的体魄，更重要的是具有热情诚挚的性格。热情就是销售成功与否的首要条件，只有诚挚的热情才能融化客户的冷漠拒绝，使销售员"克敌制胜"，可见，热情是销售员成功的一种神力。

　　法兰克·派特是美国著名的人寿保险销售员，他转行之前曾是一名棒球运动员。在进入职业棒球界不久，他就遭到有生以来最大的打击——他被开除了。球队经理对他说："你在赛场上慢吞吞的样子，哪像是在球场混了二十年？我告诉你，无论你到哪里做任何事，若不提起精神来，你将永远不会有出路。"

　　法兰克离开原来的球队以后，一位老队友把他介绍到新凡去。在新凡的第一天，法兰克的一生有了一个重要的转变。因为在那个地方没有人知道他过去的情形，他就决心变成新凡最具热情的球员。为了实现这点，当然必须采取行动才行。

在赛场上，法兰克就好像全身带电，他强力地投出高速球，使接球的人双手都麻木了。记得有一次，法兰克以强烈的气势冲入三垒，那位三垒手吓呆了，球漏接，法兰克就盗垒成功了。当时气温高达摄氏39℃，法兰克在球场奔来跑去，极可能因中暑而倒下去，但在强大的热情支持下，他挺住了。

这种热情所带来的结果，真令人吃惊。由于他在赛场上富有热情，法兰克的月薪增加到原来的七倍。在往后的两年里，法兰克一直担任三垒手，薪水加到三十倍之多。为什么呢？法兰克自己说："就是因为一股热情，没有别的原因。"

后来，法兰克的手臂受了伤，不得不放弃打棒球。接着，他到人寿保险公司当保险员，整整一年多都没有什么成绩，因此很苦闷。但后来他对工作又变得富有热情了，就像当年打棒球那样。

再后来，他是人寿保险界的大红人。不但有人请他撰稿，还有人请他演讲自己的经验。他说："我从事销售已经15年了。我见到许多人，由于对工作抱着无限的热情，使他们的收入成倍地增加起来。我也见到另一些人，由于缺乏热情而走投无路。我深信唯有热情的态度，才是成功销售的最重要因素。"

对销售员来说，充满热情不仅仅是一个人外在的表现，还是其内心形成的习惯。这种习惯通过人的言谈举止自然而然地表现出来，从而影响他人。这种习惯让你蔑视一切困难，进而跨越困难走向成功的坦途。

热情作为一种精神状态是可以互相感染的，如果你始终以最佳的精神状态出现在客户面前，那你的客户一定会因此受鼓舞，你的热情会像野火般蔓延开来，你的热情就能感染和打动客户。

错误6 过于自卑，姿态卑微

自卑心理是销售人员走向成功的最大障碍。如果你怀有自卑感，在销售方面是不会有成功希望的。自卑是一种消极自我评价或自我意识，即个体认为自己在某些方面不如他人而产生的消极情感。而销售人员的自卑感就是把自己的能力、品质评价降低的一种消极的自我意识。

现实生活中，许多销售人员心中都笼罩着这种自卑意识。销售是一个极易产生自卑感的工作，有些销售员在销售的商品时，总有一种乞丐的心理，总认为自己的工作是在乞求别人，正是这种狭隘的观念，把他们囿于失败的牢笼。

下面的这个案例，或许在我们的身边也常出现这样的销售人，或者就曾发生在你的身上：

你的销售**错**在哪里？

孙小姐是一位电脑销售新人，一次，她向一位经理推销电脑，言行显得过于谦卑和胆怯，让那位经理非常不高兴。经理看了看电脑，觉得质量非常好，但最终还是没有购买。

那位经理说："销售是一种姿态，销售人员与其他人一样，都是用自己的努力实现自我价值。你销售的是你的产品，你对自己都没有信心，我怎么能够信任你？对你的产品没有信心，我怎么能购买你的产品呢？"

随后，孙小姐经过认真思考，觉得那位经理的话非常有道理。的确，销售是自我价值的深刻体现。销售是自我的再生产，是创造一个新自我的过程。

此后，孙小姐建立了自信，摆正了销售姿态，不再卑微胆怯地面对客户了，销售业绩也在不断地提升。

在客户面前自觉低人一等、过于谦卑是非常普遍的现象。在成交过程中，许多人虽然敢于迈出销售生涯的第一步，但是，直接面对客户、与其进行交流的时候往往会表现得坐立不安、手足无措、语无伦次。为什么平时谈笑风生的销售人员，一旦与客户交谈起来，却变成这样的状态呢？实际上，这就是他们的自卑心理在作祟，他们从内心深处认为销售是一个求人购买产品的行业，做销售工作是很没面子的。

卑微胆怯的销售姿态，不但会使你的产品贬值，也会使企业的声誉和自己的人格贬值。作为一名销售人员，不管面对什么样的客户，都不要认为销售是一种求人、丢面子的工作，应该保持不卑不亢的态度，至少应该与客户平等相待，只有这样，你才能从根本上赢得客户。

没有人喜欢一个销售员那种自我贬低的态度，畏首畏尾、奉承、抱歉的态度只会让他在客户面前失去尊严和自信。所以，销售员在拜访客户的时候，要在客户面前表现得勇敢、果断，而不是给客户留下一个懦弱的印象从而阻碍你目标的实现。即使客户拒绝给你订单，也要迫使客户尊重你，让客户因你自信且乐观的情绪而佩服你。

销售是一种服务性的职业，可以给客户带来更多的便利，同时销售人员也在成交中获得客户的认可和尊重。所以，销售这件事并不一定要和低声下气、饮酒抽烟有关。这之中也没有逢迎谄媚、贿赂和私下交易的事情。千万不要认为一名销售员需要向别人鞠躬作揖才能完成一笔生意，如果有了这样的想法，那就大错特错了，是没有把握住销售人员应该具有的良好姿态以及对此项工作的正确理解。

有的时候，当业务看起来似乎大势已去时，有些销售员常为了不想一事无成地失望回家而干脆降格以求，他甚至会向客户请求说："请你帮我这个忙吧，我必须养家糊口，而且我的销售成绩远远落后于别人，如果我拿不到这个订单，我真的不知道该如何面对我的老板了。"这种方式不但对销售员本身有害，它也是这个行业的致命伤。当一名销售员提出那样的要求时，只能导致客户看不起他，这种厌恶情绪甚至会波及其他销售员。

要知道，只有你看得起你自己，客户才会信赖你。表现得懦弱、唯唯诺诺，根本就不会得到客户的好感，反而会让客户大失所望。常言道:"差之毫厘,谬之千里。"销售人员微妙的心理差异,造成了销售成功与失败的巨大差异。自卑意识使销售人员逃避困难和挫折,不能发挥出自己的能力。

既然我们知道,自卑意识是销售人员走向成功的最大障碍,那么现在,我们必须改变,努力去克服心中的自卑心态,树立自信,让自己成功地去把自己销售出去。

1. 正确认识销售职业的意义。一些销售人员具有职业自卑感,他们为销售工作感到羞愧,甚至觉得无地自容。美国某机构调查表明,销售新手失败的一个最大原因是职业自卑感,他们觉得自己似乎是在乞讨谋生,而不是在帮助他人。产生职业自卑感的主要原因是没有认识自己工作的社会意义和价值。销售工作是为社会大众谋利益的工作,顾客从销售中得到的好处远比销售人员多。销售人员要培养自己的职业自豪感。

2. 对自己的自卑心进行分析。首先分析原因,并正视弱点,承认事实,同时也要看见自己的长处,以增加自己的自信心,化挫折为动力。成就的大小不在于智力的高低,而在于是否有自信心,有坚持性,有不屈不挠、不自卑等良好的意志、品质。

3. 从成功的回忆中建立成功的自我认知。回忆自己以前成功的方面,可以调节你的心情,增强你的信心,从而产生向一切困难挑战的勇气,与其欣赏别人,不如欣赏自己。

4. 培养自信心。销售人员的自信心决定其言行举止。销售人员有了自信,说起话来才会不卑不亢,行动起来才会精神焕发,讨价还价才会理直气壮。所以销售人员一定要有自信心,相信自己是最好的,我们公司的设计、程序开发、创意,包括我们提供的团购、软件等所有的服务都是一流的，我们就是最好的。选择我们就是客户的明知之举，选择我们就是选择了放心！自信是销售成功的第一秘诀。相信自己能够取得成功，这是销售人员取得成功的绝对条件。

总之，当你消除自卑的销售意识，成功地把自己销售出去的时候，你的成功之路的大门也就为你敞开了！

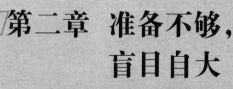

第二章 准备不够，
盲目自大
——销售准备中易犯的错误

错误1 以邋遢形象示人

作为一名销售人员，如果你的仪表过不了关，那么顾客就已经对你、连同你推销的产品一起失去了兴趣——这么差劲的销售员，买他的产品我能放心吗？

炎热夏天的一个下午，一位推销员走进了一家制造公司的总经理办公室。这个推销员身上穿着一件有泥点的衬衫和一条皱巴巴的裤子。他嘴角叼着雪茄，含糊不清地说："早上好，先生。我代表××公司。"

"你也早上好！你代表什么？"这位总经理问，"你代表××公司？听着，年轻人，我认识××公司的几个头儿，你没有代表他们——你错误地代表了他们。"

很明显，这是一次失败的推销！对销售员来说，任何时候都不能疏忽了自己的仪表。一定要尽己所能给顾客留下良好的第一印象，只有在顾客接受了你的情况下，他才会考虑接受你的商品。消费者就是这么挑剔，因为你对于他们来说是陌生人，他们对你的判断，就在见面的头几分钟！

你的销售错在哪里？

在销售活动中，最先映入顾客眼帘的是销售员的衣着服饰。一般来说，衣着打扮能直接反映出一个人的修养、气质和情操。穿戴整齐、干净利落的销售员容易赢得顾客的信任和好感；而衣冠不整的销售员会让顾客留下办事马虎、懒惰、糊涂的印象。

有心理学家做过关于外表影响力的实验，很能说明问题。两位男士，一位衣装笔挺，另一位穿沾满油污的工人服，在人行横道的红灯亮起而无过往车辆的时候穿越马路，结果，跟随衣着笔挺者的群众远远高于后者。美国一项调查也表明，80%的顾客对销售员的不良外表持反感态度。

服饰对销售员而言，也可以说是销售商品的外包装。包装纸如果粗糙，里面的商品再好，也会容易被人误解为是廉价的商品。正所谓"人要衣装，佛要金装"。因此，你要从穿着打扮和调整外表着手，从头到脚，处处表现出你的良好形象。

刘刚是一名销售员。他刚开始做销售工作时，不是很重视自己的着装打扮，结果是他经过了很长时间也没有将他的业绩提高多少。他的一位业绩很出色的同事对他说："你看看你自己，销售员哪有那么长的头发，这样长的头发让你看起来根本不像是销售员，而像橄榄球运动员。把你的长发剪短，以后每周修理一次，这样让你看起来精神十足。跟人学学系领带，这样显得你尊重别人。还有你的衣服颜色搭配得极不协调，需要重新认真搭配。先这样，其他的你再找个行家好好地教你一番。"

"可是我没有那么多的钱用来打扮！"刘刚辩解说。

"你这是什么话？"同事反问道，"我是在为你着想，这样不仅不会多花一分钱，还会帮你省钱。我想，你的着装最好找一个男装专营店的老板帮你挑比较好，如果你不认识这样的人，可以直接去找我的朋友史比克，就说是我介绍你去的。见到他后，你就直接告诉他你想有体面的着装，但是没有足够的钱买名牌，他如果尽可能地帮你，你就直接从他那里购买好了。这样的话，他就会教你令人满意的着装打扮，这样既省时又省钱，何乐而不为呢？你按我告诉你的方法去施行，到时你准会赚到许多的钱。"

刘刚从来没有听过这样的话，感觉很新鲜。但是为了改变眼下的现状，刘刚听从同事的建议后来到了一家高级美发厅，把自己的长发剪成了短发，并告诉理发师他以后每周来一次。他相信这种投资会马上就赚回来，尽管眼下要多花一些钱，但从长远看确实是值得的。

理完发后，刘刚接着又去了那位同事介绍的男装店，请店老板给他一些着装上的建议。店老板先是教会刘刚怎样打领带，然后帮他选了一套适合的西服，还有与之相匹配的衬衫、袜子、领带等。店老板一边挑选，一边为他解说为什么要挑选这种颜色、式样，另外还送给刘刚一本有关着装礼仪方面的书。除了这些，他还对刘刚讲了季节与衣服的搭配以及衣服中哪种最省钱，这为刘刚节省了不少钱。刘刚以前之所以客户少之又少，也没有业绩，究其原因就是他着装不清洁干净，没有给客户留下好印象。店老板对刘刚告诫说："没有见到过像你这样好几天都是穿同一套衣服的销售员。纵然只有两套衣服，你也应该经常换洗，而且要将洗干净的衣服的裤腿拉直再挂好，同时自己的西装也要经常烫熨。"

果然，不久之后，刘刚拥有了足够买衣服的钱。因为他的新形象为他争取到了许多的订单。听了那家男装店老板对他说的话后,他总是保持西装笔挺,而他坚定的信心和专业的言行举止在客户心中留下了良好印象,随后的订单也就自然地多了起来。

销售顺利与否,第一印象至关重要。有这样一句话:"着装打扮不是万能的,但打扮不好是万万不行的。"这话包含有深刻的内涵。得体的穿着会让你增加信心,让你在销售上事半功倍。相反,如果你衣冠不整地站在客户面前,你不佳的形象不但会引起客户的反感,而且即将到手的订单也会就此失去。

销售行业处处以貌取人,衣着打扮光鲜、品位好、格调高的销售员,往往占尽先机。然而这并不意味着打扮得越华丽越好。对销售员来说,最重要的是打扮适宜得体,这样才能得到顾客的重视和好感。适宜的衣着是仪表的关键,所以销售员应该注意服饰与装束。

那么,作为销售人而言,究竟怎样的装扮才能称得上是得体呢?

第一,干净整洁是着装的最基本要求。一般而言,销售人员应该时常换衣服,特别是在炎热的夏天。这不仅仅体现着销售人员个人的清洁问题,更能说明该销售人员是否拥有良好的生活习惯。良好的生活习惯可以帮助销售人员赢得客户的信任,从而提高销售的成功率。

第二,服装要剪裁合体,上下搭配要协调,且色彩和谐。颜色的深浅会给人不同的感受,例如,深色服装会使人在视觉上产生收缩感,看上去会显得庄重严肃一些;而浅色的服装会产生扩张感,让人看起来轻松活泼。颜色还有冷暖色调之别,分别可以产生稳重或轻盈的视觉效果,例如,冷色调的宝蓝色可以让人看起来更沉稳，暖色调的橙色则让人看起来热情奔放。因此，销售人员可以根据自己的实际情况来进行不同的色彩选择与搭配。

第三，选择着装时需要首先了解自身的体型特点，只有扬长避短才能展现自己的最佳外形。对于服装款式的选择，建议销售人员挑选款式简单的服装，这样的衣服不但比较容易搭配，还会让人显得落落大方。应当注意的是，在着装风格越来越倾向于中性化打扮和标新立异的今天，销售人员的着装还是应当保守些为好，因为适当的保守既能给人留下诚实可信的感觉，又不至于显得古板，所以说，西装革履的穿着是销售人员的首选。

第四，销售人员还要避免穿着太过显眼的高级服饰，因为那样可能会让客户产生这样的感觉：一个普普通通的业务员都穿得这么高级，那么他所经销的产品一定很赚钱，价钱也一定贵得不合理……所以，过分讲究穿戴对销售人员的工作并没有什么好处。虽然如此，但销售人员的着装也不能太廉价，品质不能太差，因为廉价的外表会降低你的形象和价值，也会降低客户对你所销售的产品的兴趣。

最后，销售人员的衣着还应该与自己所销售的产品保持一种协调性。比如，推销洗涤用品的销售人员如果穿的是黑色的套装就没有穿白色的效果好。不要小看衣着的作用，大量的研究结果表明，这些微妙的心理反应往往会潜移默化地影响着客户对产品的选择。看似一桩小事，却会产生很大的效果差别。

此外，着装还应该与销售环境相适合，也要能与所拜访的客户类型相一致。例如，一个向农民推销饲料的业务员的服饰，就应该与向医生推销药品器材的业务员的服饰区别开来，做到因人而异。

总而言之，销售人员在着装时一定要牢记干净整洁、搭配协调、适合自己等基本原则,力求让自己在举手投足之间流露出自然的美感与迷人的魅力,这样才能使交易顺利达成。

错误2 举止不雅,有失礼仪

有一位保险推销员几乎已经成功地说服了他的客户,可是当他们站到办公室的吧台前谈具体事宜时,他的站姿却坏了事:他歪歪斜斜地站在那里,一只脚还不停地点地,好像打拍子一样。这位客户觉得保险推销员是在表示不耐烦和催促,于是,他就用"下一次再说吧"把这位保险推销员打发走了。

这个事例中保险推销员的不雅站姿,使得本该成功的交易前功尽弃,这就是举止无礼的后果。

对销售人员来说,拜访客户时除了要注意自己的个人形象外,还必须注意自己的行为举止。务必做到举止高雅、落落大方,遵守一般的进退礼节,尽量克服各种不礼貌或不文明的习惯。这对销售员来说很重要,因为客户是不会接受一个举止粗俗无礼的保险推销员的,即使他的产品很好。

莎士比亚曾说:"诚恳的举止态度,往往能感动他人,使他变得和你一样真诚。"因此销售员的一言一行、举手投足、音容笑貌,行为态度决定着销售人员的成功与失败,良好的行为举止,自信的仪表风度可以助您成功。

行为举止是一种无声的语言，是一个人的性格、修养和生活习惯的外在表现。作为销售人员，你的行为举止，直接影响着客户对你的评价，因此一定要养成良好的习惯，在客户面前要做到举止高雅，坐、立、行都要大方得体。

1、坐如钟。

所谓"坐如钟"，并不是要求你坐下后如钟一样纹丝不动，而是要"坐有坐相"，就是说坐姿要端正，坐下后不要左摇右晃。

你到客户家拜访时，不要太随便地坐下，因为这样不但不会让客户觉得你很亲切，反而会觉得你不够礼貌。如果是在自己家里，虽然可以随意一些，但还是需要注意自己的举止形象，以体现对客人的尊重。如果你就座时注意以下事项，就不会引起客户的反感：入座轻柔和缓，起座端庄稳重，不猛起猛坐，以免碰得桌椅乱响，或带翻桌上的茶具和物品，令人尴尬。

坐下后，不要频繁转换姿势，也不要东张西望；上身要自然挺立，不东倒西歪。如果你一坐下来就像一滩泥一样地靠在椅背上或忸怩作态，都会令人反感；两腿不要分得过开，两脚应平落在地上，而不应高高地跷起来摇晃或抖动；与客户交谈时勿以双臂交叉放于胸前且身体后仰，因为这样可能会给人一种漫不经心的感觉。

总的说来，男士的坐姿要端正，女士的坐姿要优雅。

2、站如松。

所谓"站如松"，不是要站得像青松一样笔直挺拔，因为那样看起来会让客户觉得很拘谨。这里要求的是站立的时候要有青松的气宇，而不要东倒西歪。

良好站姿的要领是挺胸、收腹，身体保持平衡，双臂自然下垂。忌：歪脖、斜腰、挺腹、含胸、抖脚、重心不稳、两手插兜。

优美的站姿男女有别：女子站立时，两脚张开呈小外八字或V字型；男子站立时与肩同宽，身体平稳，双肩展开，下颌微收。简言之，站立时应舒适自然，有美感而不造作。

一个人的站姿能显示出他的气质和风度。所以站立的时候，应该让别人觉得你自然、有精神，而你自己亦感到舒适、不拘谨。

3、行如风。

潇洒优美的走路姿势最能显示出人体的动态美。人们常说"行如风"，这里并不是指走路飞快，如一阵风刮过，而是指走路时要犹如风行水面，轻快而飘逸。良好的走姿能让你显得体态轻盈、朝气蓬勃：

走路是时要抬头挺胸，步履轻盈，目光前视，步幅适中；双手和身体随节律自然摆动，切忌驼背、低头、扭腰、扭肩；多人一起行走时，应避免排成横队、勾肩搭背、边走边大声说笑；男性不应在行走时抽烟，女性不应在行走时吃零食。养成走路时注意自己风度、形象的习惯。

中国人最讲究的是"精、气、神"，凡事有骨，也就是体现出其内在的本质。所以，无论是"坐如钟"、"站如松"还是"行如风"，都不是让你简单地模仿这三种物体的外表形态，而是要你掌握它们的"精、气、神"，做到神似，而非形似。

4、忌不雅。

在人们日益注重自身形象的今天，我们仍然遗憾地看到，一些表面看上去大方得体的销售人员，在面对客户时或在众目睽睽之下做出一些不雅的举动，令其形象大打折扣。因此在日常生活中，你应该有意识地避免一些习以为常，然而确实极为不雅的举止，包括：

在一个不吸烟的客户面前吸烟是一种不尊重对方的行为，这样做不仅会令对方感到不舒服，还会令他对你"唯恐避之而不及"。

当众搔痒。搔痒动作非常不雅，如果你当众搔痒，会令客户产生不好的联想，诸如皮肤病、不爱干净等，让客户感觉不舒服。

对着客户咳嗽或随地吐痰。这也是一种应该杜绝的恶习。每一个现代文明人，都应清醒地认识到，随地吐痰是一种破坏环境卫生的不良行为，姑且不论别人看见你随地吐痰后作何感想，这种举动本身就意味着你缺少修养。

打哈欠、伸懒腰。这样会让客户觉得你精神不佳，或不耐烦。

高谈阔论，大声喧哗。这种行为会让客户感觉你目中无人。一个毫不顾及旁人感受的人又怎么会为客户提供细致的服务呢？

当众照镜子。显得你对自己的容貌过于注重或没有自信，也是目中无人的一种表现，容易引起客户的反感。

搭乘公共交通工具时争先恐后，不排队。这种推推搡搡，互不相让的恶习，应该坚决摒弃。在公共场所礼让老人、妇幼，是人的基本美德，也是一个高素质的体现。

交叉双臂抱在胸前，摇头晃脑的。这样的举止会令客户觉得你不拘不节，是个粗心的人。

双脚叉开、前伸，人半躺在椅子上。这样显得非常懒散，而且缺乏教养，对客户不尊重。

言谈举止看起来好像是琐碎小事，但是小事往往更能直接地反映出一个人的文化修养和素质。所以,请你一定要随时随地都注意你的言谈举止,尤其注意纠正一些大家习以为常的习惯,从而将最佳的状态展现给客户。

错误3　对产品知识不够了解

有一位推销员,他费尽心思,好不容易电话预约到一位对他推销的产品感兴趣的大客户,然而却在与客户面对面交谈时遭遇难堪。

客户说:"我对你们的产品很感兴趣,能详细介绍一下吗?"

"我们的产品是一种高科技产品,非常适合你们这样的生产型企业使用。"推销员简单地回答,看着客户。

"何以见得?"客户催促他说下去。

"因为我们公司的产品就是专门针对你们这些大型生产企业设计的。"推销员的话犹如没说。

"我的时间很宝贵的,请你直入主题,告诉我你们产品的详细规格、性能、各种参数、有什么区别于同类产品的优点,好吗?"客户显得很不耐烦。

"这……我……那个……我们这个产品吧……"推销员变得语无伦次,很明显,他并没有准备好这次面谈,对这个产品也非常生疏。

"对不起,我想你还是把自己的产品了解清楚了再向我推销吧。再见。"客户拂袖而去,一单生意就这样化为泡影。

显然，该推销员对产品知识毫无了解，于是造成了一问三不知的状况，自然无法在客户心中建立信任，销售失败也是必然的。由此可见，了解一个产品的基本特性是有多么重要。做一行专一行，作为销售人员，只有熟悉产品，才能更好地满足客户需求，用自己的专业度赢得客户的信任。

产品知识就是推销能力，产品技术含量越高，产品知识在销售中的重要性就越大。销售人员要成为"产品专家"，因为顾客喜欢从专家那里买东西。

有一对夫妇乔迁之喜，来到某电器公司购买电冰箱。这对夫妇围着某品牌国产电冰箱转了好久，男的正准备掏钱付款的时候，女方突然改变了主意。

"我看，我们还是去买德国的西门子牌冰箱吧！"

"你怎么又变卦了，原来不是说好的吗？"

"我看这种国产冰箱质量不保险，不如德国的好。不过是多花千把块钱就是了。"

这时候，站在一旁接待他们的销售人员，眼看到手的生意没了，后悔自己刚才那么耐心地给他们解说都白搭了。心里一急一气，便脱口而出："得了，得了，你早说不买，就别问这问那。德国的好，你们又有钱，去德国买好了，干吗上这儿来？"

这对夫妇一听，转身就想走。这时候，销售主管微笑地走了过来：

"两位请留步。我有几句话要对两位说。真对不起，刚才我们的销售人员说话没有礼貌，冲撞了两位。这都怪我这个主管，平时管理不严，我向二位赔礼道歉。"

这对夫妇听他这么说，才平息了怒气。"买不买我们的冰箱都没有关系，只是有一件事要向两位讨教一下。"

听到"讨教"两字，这对夫妇真的认真起来了。

"刚才这位女士说，我们的冰箱质量有问题，是否可以具体说明一下，也便于我们改进工作。"

女士冷不防给主管这么一问，一时不知如何作答，迟疑了一会，才吞吞吐吐地说："我也是听人说，西门子牌的冰箱好。"她指着冰箱背后的散热管，继续说："这些弯弯曲曲的管子都露在外面，也不好看。"

主管听她这么说，心中明白了几分。"小姐，这完全是误会。当然，西门子牌电器历史长牌子老，有许多优点。但是，我们国产冰箱近些年来也有很大的进步，你们刚才看的这种冰箱，正在走向国际市场。"

这对夫妇将信将疑，主管接着说："我们的冰箱经过周密的计算，将散热管暴露在空气中，散热的速度可提高一倍，由于热量散得快，所以冰箱内部制冷的速度快，能达到提高效率、节约电能的目的。实验结果表明，与同等容积的密封式冰箱相比，我们的冰箱耗电量仅是它们的三分之一。如果一天省半度电，请你算一下，一年省多少电费？"

主管换了口气继续说："至于说到美观，这是不必要的顾虑。因为散热管在冰箱背后，紧靠墙壁或在墙角之间，对于正面观看，毫无影响，请两位放心。"

这位女士此时无话可说。这时主管又趁热打铁："我看这样好了，你们若信得过我的话，下午我派车给你们送去。

喏，这是单据，请到那边取发票和保修单。"

事实表明，精通产品知识是销售人员必备的素质之一。把产品推销出去，销售人员不仅要有三寸不烂之舌，还要有对产品知识烂熟于心的基本功。如果销售人员对产品各种指标了如指掌，那么在面对客户的咨询时，就可以详细地告诉他们各种产品性能之间的差别，让客户产生信任感。因为客户都不是对产品很熟悉的专家，而你的解释越是专业，表达越是清晰，客户的信任感就越强，很容易在内心对你以及你所在公司留下好的印象，甚至有可能在给客户提供热忱服务的过程中与客户交上朋友，拓展人际关系，更有利于今后的销售工作。

那么，一个优秀的销售员需要具备哪些产品知识？

1. 产品的基本特征：你应当掌握你所销售产品的详细技术性能，如材料、性能数据、规格、操作方式等。当然，了解产品并不意味着一味地夸奖自己的产品，短处也应当坦然正视。在推销中不要怕承认自己产品或服务的缺点。拒绝接受顾客的反对意见，常会使推销工作毁于一旦，因为固执己见的推销员往往会使顾客也固执起来。对顾客来说，他们知道任何产品都有长处与短处，当长处与短处相比更为显著时，顾客就会决定购买。

2. 产品的生产过程：为了避免顾客想要了解产品的生产过程而我们不知道的尴尬，所以我们有必要了解一下。

3. 产品的使用方法：在操作和使用中介绍产品要比单纯的语言介绍给力得多，这样顾客更容易理解并且能及时看到效果。

4. 产品能给顾客带来的利益：客户为什么要买我们的产品？是因为他需要，所以这就需要销售人员给客户以引导和讲解，让客户看到产品能给他带来的利益。

总之，销售员是否具有良好的专业知识，会影响到客户对你的看法，更会影响到你的业绩。因此熟悉业务知识，并且像了解自己一样了解自己的产品，是销售人员的必修课。

错误4 不懂做工作计划

有一次，总经理在中高层干部的例会上问大家："有谁了解就业部的工作？"现场顿时鸦雀无声，没有人回答。几秒钟后，才有位片区负责人举起手来，然后又有一位部门负责人迟疑地举了一下手。总经理接着又问大家："又有谁了解咨询部的工作？"这一次没有人回答。接连再问了几个部门，还是没有人回答。现场陷入了沉默，大家都在思考：为什么企业会出现那么多的问题。

这时，总经理说话了："为什么我们的工作会出现那么多问题，为什么我们会抱怨其他部门，为什么我们对领导有意见？"他停顿片刻，接着说："因为我们的工作是无形的，谁都不知道对方在做什么，平级之间不知道，上下级之间也不知道，领导也不知道，这样能把工作做好吗？能没有问题吗？显然不可能。问题是必然会发生的。所以我们需要把我们的工作'化无形为有形'，如何化，工作计划就是一种很好的工具！"。参加了这次例会的人，听了这番话没有不深深被触动的。

可见，做事必须有计划。没有计划、没有条理的人，无论从事哪一行都不可能取得成绩。销售工作也是如此。

古人讲："凡事预则立，不预则废。"说的就是计划的重要性。大到对组织、人生长远规划的策划，小到对工作、生活中具体事情，无不需要进行策划。计划先行，此乃一切事物成功之基础。对销售人员来说，计划不是可有可无的，它是实现销售目标的途径，也是一个销售员一天工作的向导。

亨瑞出生于美国旧金山一个移民家庭。亨瑞因家庭条件所限，连中学都没有念完就开始自谋生路。18岁时亨瑞成为一名公交司机，后因伤病离职。29岁时进入人寿保险销售行业，初期业绩很不理想，后来一帆风顺，成为成功的销售员。

当亨瑞远离了失业带来的痛苦，满怀信心地投入人寿险销售工作时，为了给自己以鼓励，他常对自己说："亨瑞，你有常人的智慧，你有一双能走路的腿，你每天走出去把保险的好处告诉四到五个人是不成问题的，如果你能坚持下去，就一定能够成功。"

新生活带来的巨大的积极性，使亨瑞决心每天都记日记，把每一天所做的访问详细地记录下来，以保证每天至少访问四个以上的客户。通过每天记录，他发现自己每天实际上可以尝试更多的拜访，并且还发现，坚持不懈地每天访问四位客户真不是一件简单的事。亨瑞感觉到以前实在是太懒惰了，否则不至于如此落魄。

采取新的工作方法之后的第一周，亨瑞卖出了15000美元的保单，这个数字比其他10个新销售员卖出的总和还要多。15000美元的保险在别人眼里也许算不了什么，但却证明他的决定是正确的,也证明了他有能力做得更好。

通过坚持写工作日记,亨瑞发现他每次出门的效率在不断地提升。在短短的几个月之中,他从每出门29次才能做成一笔生意上升到每出门25次就成交一笔,又到每20次一笔,直至每出门10次,甚至3次就有一笔生意成交。

通过仔细地研究工作日记,亨瑞发现有70%的生意实际上是在跟客户碰面的第二次时就成交了,其中23%是在第一次碰面时做成的,而只有7%是至少拜访了三次以上才做成的。再详细一分析,亨瑞发现,他竟在7%的生意上花掉了他15%的时间,他不禁问自己:"我为什么要事倍功半地做这7%的生意呢?为什么不把所有的时间集中在第一次或第二次就能成交的生意上呢?"这一顿悟使他每天出门拜访的价值开始成倍地增长。

对工作进行了调整、分析之后,亨瑞感到要使工作效率得到更大的提高,就必须把生活和工作安排得井然有序。

他发现要使一周的工作计划做得很充分,至少需要四到五个小时的时间。这种做法使他的心态和工作效率有了很大的改观。做好计划之后,亨瑞严格地按工作计划去工作,每次出门的时候,再也不会因为毫无准备和目标而团团转了。

一年之后,亨瑞骄傲地在同事面前展示了他的工作日记。一年之内他不间断地记录了12个月的工作情况,其中的每一笔记录都相当清楚,每天的每一个数字都准确无误。

几年之后,亨瑞把"自我规划日"从星期六上午移到星期五上午,使自己有更多的时间享受真正的周末。他喜欢一个星期过四天紧张而又充满效率的日子,要是一个星期都在工作,而样样事情都没有做好,人生还有什么乐趣呢?

亨瑞说："任何事情都可能由别人代劳，唯有两件事情非要自己去做不可。这两件事一是自我思考，二是按照事情的先后顺序去执行。"

可见，销售成功与制订计划是分不开的，有了计划就有了目标，就有了前进的方向，就能迈向成功的彼岸。

计划是解决问题的方针和策略。只有行动方针确定了，才能采取行动。这种行动方针是经过思考的，而不是那种本能冲动想到的。销售之前有计划是为了寻找合适的方案。本能冲动型的人总是只想到一种行动，只考虑解决面上的问题，对后续行动和影响却不考虑。仔细考虑对策后，就有可能既把问题解决，又避免了出现副作用。这样才能使问题得到圆满的解决。因此，销售之前要有周密的计划、明确的目标，才能把销售工作干好。

1. 制订约见计划。

在制订约见客户计划时，应该根据此次任务的大小和自己的精力来确定应该要走的路程、拜访的人数和次数。

2. 制订拜访路线。

通常情况下，客户不会集中到一起等你介绍产品，所以你要跑到能够约见客户的地方去拜访。这个时候，你可以根据所要拜访的客户的位置特点来制订最有效率的拜访路线。如果客户恰巧在一条路线上，我们就可以根据从近到远或是从远及近的拜访路线；如果拜访的客户的区域很大，可以采用"四叶草型"即直线加连边的拜访路线；如果客户很分散，就可以采用"螺旋形"的拜访路线。

3. 计算拜访时间。

计算好约见不同客户的时间，对于通过电话、电邮等不同方式约见的客户也要详细筹算。一般情况下拜访客户的黄金时间应该是：上午的十点到十一点和下午的两点到五点之间，销售员要充分利用这段时间。

4. 筹划好准备工作和善后工作的时间。

这两块的时间不是销售工作的主要时间，但是也是很重要的步骤。具体来说，准备工作包括撰写建议书和相关的资料准备。善后工作包括处理客户的投诉和参加部门会议的时间。

有的销售员认为自己的业绩是靠天意。要是自己运气好的话，不用费什么劲儿就可以拿到业绩；要是没有运气的话，自己再怎么努力，也是没有用的。其实，这是一个非常不专业、非常偷懒的想法。因为很多优秀销售员的业绩基本都是稳定的。因为他们相信每一个工作业绩，都是通过有条理的努力得来的。虽然说，业绩不是一朝一夕就能显现出来，要通过一定时间的维护、等待，但是只要科学合理地规划，不停地追踪客户，就会为你带来相对稳定的业绩。

错误5 约会迟到，不准时

张先生想买一台笔记本电脑，他和推销员小刘约好下午一点半在小刘办公室面谈。张先生准点到达，而小刘却在20分钟之后才趾高气扬地走了进来。

"对不起，我来晚了。"他随口说着，"我能为你做点什么？"

"你知道，如果你是到我的办公室做推销，即使迟到了，我也不会生气，因为我完全可以利用这段时间干我自己的事。但是，我上你这儿来照顾你的生意，你却迟到了，这是不能原谅的。"张先生直言不讳地说。

"我很抱歉，但我刚才正在街对面的餐馆吃午饭，那儿的服务实在太慢了。"

"我不能接受你的道歉。"张先生说，"既然你和客户约好了时间，当你意识到可能迟到时，应该抛开午餐前来赴约。是我，你的客户，而不是你的胃口应该得到优先考虑。"

尽管那种计算机的价格极具竞争性，小刘也毫无办法促成交易，因为他的迟到激怒了派克。更可悲的是，他竟然根本没想通为什么会失去这笔生意。

这个故事告诫我们，要想成为一个优秀的销售员，必须要守时，守时是最基本的礼貌，是你对客户最基本的尊重。如果你和客户约好了时间，你就必须要守时。不守时的人是得不到别人的信任的，这样的话，交易成功就无从谈起。

所谓守时，就是遵守时间，履行承诺，答应别人的事情就要在约定的时间范围内完成。守时，不是一件小事，守时不仅是自身素质的一种体现，也是对他人尊重、负责的一种人际关系体现。如果你对别人的时间不表示尊重，你也不能期望别人会尊重你的时间。一旦你不守时，你就会失去影响力或者道德的力量。

人们常说："时间就是金钱，时间就是生命。"时间的重要性不言而喻。既然时间如此宝贵，那么守时就显得更加重要了。守时是社交的礼貌：跟别人约好时间，就不能迟到。堵车、临时有电话、出门时恰有访客……这些都不是理由；不浪费别人的时间，才是最好的做法。你已经与别人约好了时间，就不能迟到，因为这是失礼的行为，而且在工作上，如果迟到了，必然因此会丧失合作的机会。

　　詹姆斯先生一贯非常准时。在他看来，不准时就是一种难以容忍的罪恶。有一次，詹姆斯与一个请求他帮忙的青年约好，某天早晨的10点钟在自己的办公室里见那位青年，然后陪那位青年去会见火车站站长，应聘铁路上的一个职位。到了这一天，那个青年比约定时间竟迟了20分钟。所以，当那位青年到詹姆斯的办公室时，詹姆斯先生已经离开办公室，开会去了。

　　过了几天，那个青年再去求见詹姆斯。詹姆斯问他那天为什么失约，谁知那个青年人回答道："呀，詹姆斯先生，那天我是在10点20分来的！""但是约定的时间是10点钟啊！"詹姆斯提醒他。那个青年支吾着说："迟到一二十分钟，应该没有太大关系吧？"詹姆斯先生很严肃地对他说："谁说没有关系？你要知道，能否准时赴约是一件极紧要的事情。就这件事来说，你因不能准时已失掉了拥有你所向往的那个职位的机会，因为就在那一天，铁路部门已接洽了另一个人。而且我还要告诉你，你没有权利看轻我的20分钟时间，没有理由以为我白等你20分钟是不要紧的。老实告诉你，在那20分钟的时间中，我必须赴另外两个重要的约会，我也不能让别人白等。"

　　不要以为约会迟到只是一件稀松平常的事，更不要以为它不足以产生严重的不良后果。事实上，在守时被视为美德的社会里，迟到是一种令人难以接受的恶习。

守时的习惯代表你对自己的控制能力。如果一个人平常的举止行为，没有办法守时的话，那他做什么事情应该也难以如期完成。一个守时的人定是一个懂得珍惜时间的人，不仅仅要注意不浪费自己的时间，也要时时注意不能够白白浪费别人的时间。管理好自己的时间，就是让自己无论在做什么事的时候都能够轻松应对、游刃有余。一个守时的人，必将获得别人的尊重，也必将赢得自己的成功。

柴田和子是日本第一生命保险公司的金牌推销员。有一次，她给一家公司的经理打电话，预约见面的时间。经理说："你中午来吧。"于是，柴田和子在中午12点准时出现在预约的公司里，当她敲开了经理的门，然后说："对不起，打扰您了，我是和您预约好的，我是……"

"小姐！哪有人会选择在午餐时间来拜访客户的？真是不懂礼貌。"没等柴田和子说完，经理便用手指着柴田和子，把她数落了一顿。

柴田和子反问道："那么请问，您所说的中午是几点？"

经理回答："中午就是中午。"

"您让我中午来，所以我才十二点准时到。我按照您的吩咐中午到，难道错了吗？"

经理看了看柴田和子，心里想：天下怎么会有如此固执的女人！于是说："难道中午就非得是十二点吗？"

柴田和子缓和了一下口气说："既然不是十二点，那我过半个小时以后再来，好吗？"

经理点点头,说:"可以。"

于是柴田和子来到附近的快餐店点了一份日本料理。吃完午餐后,柴田和子看了看表,离约好的时间还差十分钟,于是又返回公司。

到了十二点半,柴田和子大步走进经理办公室,大声说:"对不起,打扰您了,请见谅!我是第一生命保险公司的柴田和子。"

经理看到柴田和子的时间观念如此强,便允许她向自己介绍保险,最后接受了柴田和子的建议,当场签署了20万元的保单。此后,这位经理不但成了柴田和子的好朋友,还为她介绍了很多新的客户。

守时是一种对别人的尊重,是自己的信誉,是一种于细节处体现的美德。它不仅体现出一个人对人、对事的态度,更体现出一个人的道德修养。作为销售员一定要有强烈的时间观念。与客户见面,每次的守时,都会给对方留下良好的印象,从而为自己销售工作打开良好的局面。

总之,守时是销售人员首先应该遵守的礼仪,这是对人的基本尊重。如果你与客户预约了时间,就一定要提前或准时到达,如果因不可抗拒的因素迟到或无法赴约,必须及时通知客户,诚挚地道歉。

错误6 欺骗客户，不守信用

在销售行业中，我们经常会看到一些销售人员为了能够推销出更多的产品，随意夸大产品的效果，过度吹嘘产品功能，对产品的一些弊端却遮遮掩掩……总之，在推销过程中，销售员总是会不由自主地说出一些假话。比如只说客户想听的话，即便这件产品并非很优秀，也说得像是完美无缺。这些谎言很容易误导客户选择产品。但是，吃一堑，长一智，客户下次就不会再信任你的话。一个优秀的销售员不会卖弄他的口舌和手腕去欺骗客户，因为这样做不会长久。在任何时候，诚信都是最宝贵的品质。

有位顾客购买了一件衣服，衣服面料是今年新采用的面料，这款面料的优点是高档、挺阔、花色柔和，但缺点是面料容易脱线，而导购小张并没有将面料的缺点告诉顾客。小张认为，只要顾客在购买商品时没有发现商品是有问题的，我们就没有责任，所以就没有必要再说其他不好的地方让顾客心里不舒服，因此小张只把面料的优点告诉了顾客。而这种做法的最终结果就是，顾客买回家后没有几天就发现衣服脱线了，非常生气，并来到店铺进行了投诉。

一家知名企业的内刊上有这样一句话："优秀的销售代表必须为产品说实话，他必须承认，产品既有优点也有不足的地方。"任何一种产品都不可避免地会存在一些缺陷。作为销售人员,正确的态度是学会正视这些问题,敢于承认,敢于面对,不要执意隐瞒。否则,一旦被客户发现真相,即使销售人员再做多少解释,都很难挽回客户的信任,最终的结果只能是不欢而散。

对很多销售人员来说,诚信销售只是挂在墙上的一个口号,实际工作中他们更相信"忽悠"的力量。他们总以为销售产品就是利用各种手段,让客户接受自己的产品,产品销售出去了,自己的任务就完成了。其实事情远非如此简单。客户通常会货比三家才选择购买,而在货品相同的情况下,客户通常选择自己比较信赖的销售员的产品。

所以,要想推销出更多的产品,首先要学会推销自己的诚信。一个优秀的销售员往往是个品德高尚、素质优秀、诚实守信的人。诚信是一个销售员应该具有的最基本的品质,只有诚实守信才能赢得客户的信任。

金克拉先生是美国公认的销售大王,他也是世界上著名的励志老师,下面这则故事是他自述的一次买车经历:

"那天,经朋友介绍,我去一家汽车销售行找该车行的售货员查克。查克是个旧派风范的人,并且是个内向的人,当他为我打开车门后,他说:'您必定是金克拉先生了。'

"我回答说:'是的,我正是金克拉。'

"查克说:'金克拉先生,我要告诉您,我认为您现开的车子是我见过的最棒的车子,好看极了!'

"查克问我:'您是不是以优惠的价格买到的这部车子?'

"我回答说:'事实上正是如此。'

"查克说:'我敢打赌,这笔交易肯定对您十分

有利。'

"'查克，让我告诉你实情，我是以7600美元买到的这部车子。这车子可以跑30万千米，目前才跑了2100千米。'

"查克说：'这的确是一笔对您有利的交易。'

"'金克拉先生，我很高兴您能来访，让我来为您评估一下，您的旧车能折价多少钱，如果车子的内部和它的外观一样好，我现在就能给您答复，我们马上就能协助您更换新车，我们有数量相当可观的产品供您选择。'

"查克约花了15分钟的时间，精细地评估我的车况后，将车子开回到公司的停车场，坐在驾驶座旁的查克显得非常的兴奋。

"'金克拉先生，这真是我所见过的最不错的一部车子，事实上它的内部情况较外观更好。可我有点迷惑，请您不要误会，因为我很高兴您能来访，只是我有点好奇，您为何选择要在此刻更换车子？'

"我看着他回答说：'查克，让我告诉你实情吧，再过三周，我的家族将在密西西比州团聚，我觉得我应当开一部新的凯迪拉克去参加这次盛会。'

"查克显然认为这是件好事，但他并未作出任何表示，当然他并不需要这么做。他只是取出计算器，开始进行估价，他的脸上依然带着那得意的微笑。

"几分钟过后，查克将视线移到我身上，以兴奋的语气告诉我：'金克拉先生，我有一个好消息要告诉您，因为您车子的状况良好，而我们又刚好有车子可以交货，您今天就可以以7385美元换得新车。'

"'喔！喔！查克！这可是一大笔钱！'

"'金克拉先生,您认为这售价太高了吗?'

"他并没有采取守势,也没有开出价格,他只是冷静地将问题掷回给我!

"我回答他说:'查克,这已经超过了我的预算。'他又直接而又简单地问了我一个问题:'金克拉先生,您认为多少钱才是合理的价格呢?'

"我告诉他我愿花7000美元来更换新车,当然这还包括税金。

"查克以惊讶的表情看着我说:'金克拉先生,这是不可能的,首先,您要求我们降价385美元,然后您又提到税金,我们根本不可能接受您提出的价格。但是,金克拉先生,让我问您一件事情,如果我们接受您的出价,您准备现在就把我们的新车开回家吗?'

"我告诉他说:'查克,7000美元可是一大笔钱,我赚钱可是不容易啊!'

"查克对我说:'我们来谈谈7385美元的售价吧,我们已经给予您旧车2600美元的折价,您的车子已使用了四年。'他又看着我,并且以轻柔的声音表示:'您不可能再得到更公道的价格了。'

"'我不会付给你7385美元,我只出价7000美元。'

"我猜想他一定受过戏剧类课程的训练,他一点儿都没有笑,他简明地告诉我,他没有权利做这样的决定,现在他站到我的立场上,搭着我的肩膀说:'我会告诉您我将怎么做。我去跟估价员谈谈,看看是否能为您争取一些利益。我会尽一切努力让您满意地开走我们的新车,我真的期望您买

我们的车。在我去向估价员游说之前，让我确定我们之间沟通良好且没有任何误会，您出价的7000美元包含税金等所有的费用。'

"我回答说：'没错。'

"于是查克走向估价员，三分钟后他朝我走来：'估价员临时有急事回家去了，他要等到明天才会回来，您能够忍受这一夜的煎熬吗？'

"我告诉查克说，我熬得过去。查克听后又对我说：'在您离开之前，我想再确定一下，我们彼此都了解对方，在我们汽车销售业界，除非是有签过字的协议，否则口头的议价是不予承认的，不过，因为我在这一行已经服务了很长的一段时间，我也能够分辨出人们的人格高低。金克拉先生，我仍会承认我们所谈的7000美元，当然这包括税金等费用。我相信您说话算话，我说得没错吧！金克拉先生。'

"我说：'没有错，查克，你可以相信我。'

"查克说：'我对您也有信心，我们以握手的方式达成我们的君子协定，我明天早上会给你电话的，希望我能带给您好消息。'

"第二天早上8点半，我刚到办公室后不久，桌上的电话铃声响起，是查克的来电，他告诉我说：'金克拉先生，我有好消息要告诉您，我跟估价员谈过后，我们决定让您以7000美元的价格更换我们的新车，这包括税金等一切费用。'

"查克是以什么样的方式达成这些的呢？首先，他推销的方式是一以贯之的，在去找查克之前，我已见过两个汽车销售人员,但我知道我可以信任查克,而信任正是交易中最重要的部分。其次,他在整个销售的过程中表现极为专业。在我买下车子10天后,他还打电话来问我觉得车子如何,他能否为我做什么。"

销售人员最重要的是讲究信用,而获得客户信任的最有力武器便是遵守诺言。

诚信是尊重客户的一种表现。尊重客户就要在任何时刻都对自己的客户诚实,绝不能欺骗客户。那么,销售人员怎样做才算得上是一个诚信的人呢?

最重要的是要敢于讲真话,说真话是获得别人信任和尊敬的基本因素。虽然优雅的风度、一定的社会地位、曾经的善举、渊博的知识和丰富的经历等优势,都能够让我们赢得他人的尊敬。但是,只要你讲的一个谎话被拆穿,这些所有的优势都会一扫而光。

只有拥有诚信的优秀品质,才会获得别人的信任,人们才会因为相信你的人品而相信你的所作所为,你的业务才会有较大的发展,否则任何光环在别人眼里都会打上问号。

销售员必须说一是一,说二是二,来不得半点虚假,这样才能争取对方的信任。虽然销售员可以对产品性能、质量和用途等适当地作一些广告性的宣传,但绝不能失实,不能像街头卖狗皮膏药者那样胡编乱吹,更不能因买方需求迫切而有意抬价,应根据自愿的原则达成协议价格。只有这样,才能在成交后,让人觉得与你进行的交易是安全的和信得过的。

销售,归根到底是赢得和留住客户。任何拔苗助长、急功近利的做法，都只会使客户远离。公司希望广大销售人员能够一如既往地努力学习产品知识，切实提高服务技能，诚信销售，凭借优质的产品和专业的服务赢得忠实、稳固的客户群体，从而为个人事业的长远发展打造更坚实的基础。

错误7 不善于管理自己的时间

很多业绩不好的推销员总是抱怨时间不够用，一天拜访不了几个客户。事实上，不是时间不够用，而是有一种消极的心态让你疏忽了时间的重要性。

有一天晚上，信实保险公司的高级主管莱利打电话给他的朋友，这位朋友是宾州阿突那市的公司经理，名叫理查·基塞贝尔。

"理查，我下周一要出差到西部，打算顺道巡视我们公司的代理商，我预定星期一抵达合瑞斯堡，星期二到阿突那市，届时我们两个许久未见面的老友可以聚聚。"

"莱利，"理查回答，"我很想和你聚聚，但很不碰巧，我得到下周五中午才有空。"

星期五到来，两人终于一起午餐，莱利打开话匣说："理查，你这一周都到哪里去了？"

"不，"理查回答，"我都在呀！"

莱利愣住了，又问："你是说……这星期二你人在阿突那市?"

"是啊。"

莱利十分不悦地说:"理查,你知道你害我绕了多少冤枉路!为了你,我从辛辛那提,回程见你,今晚又得赶回去,接着再赶往底特律。"

"莱利,"理查解释道,"你听我说,你打电话来之前,我已花了上周五早上五小时的时间,计划好本周的工作流程,星期二对我而言最为紧凑、重要,当天我已安排了许多重要的约会,如果星期二和你见面,我所有的行程安排势必都要受到影响,请你别见怪,好吗?即使那个电话是我公司的总经理打来的,我也会如此做,否则,流程表就失去意义了。如果我在工作上多少有点成就,应完全归功于我每周五绞尽脑汁所拟定的流程表,所以我绝不希望因任何人或事情阻碍了流程的进行。"

"理查,"莱利回答,"我听完你的话,非常惊讶,但我并不生气。我知道这正是你事业成功的秘诀。"

当晚,莱利搭上火车时,非常兴奋,也充满希望,自此之后,他面对国内各地推销员时,总是津津乐道这则故事。

为什么你总是感觉时间不够用?为什么你那么努力推销,却业绩平平?看完这个故事,你也许会明白,关键在于如何妥善安排时间,如果一个人不懂得计划安排时间,他所做的一切都将是事倍功半。

俗话说"一寸光阴一寸金",对销售员而言,时间就是金钱,你必须明白你的时间观念和你的业绩是紧密相连的,因此,你必须学会管理自己的时间，运用自己的时间。

时间是最宝贵的资源，时间对任何人都是公平的。对销售人员来说，珍惜时间就是提高效率、创造价值。销售人员的时间管理就是销售员自己行为的管理，合理安排自己的时间，以使时间这一资源的配置达到最优，从而实现其价值的最大化。因此，从这一意义上来说，时间管理就是自我管理。优秀的销售员总是善于管理并控制自己，合理地利用时间，进而创造最大的时间价值。

那么，推销员怎样才能把自己的时间运用得更有效率呢？我们可以从以下几个方面驾驭时间，提高工作效率：

1. 为每天要做的事情设定优先度。

我们要找出什么样的日程工具是最适合我们自己的，并且为我们每天要做的事情设定清晰的优先度。我们需要组织我们每一天的工作，处理拖延问题，这样每天结束的时候，我们就知道明天开始的是崭新的旅程，而不是忙于去解决那些我们今天不想做的事情！

2. 为所做的工作限定时间。

人都有一种很微妙的心理，也就是平常所说的"压力产生动力"。因为，人们一旦知道时间很充足，工作时注意力就会下降，效率也会随之降低；而如果被要求必须在规定时间内完成某事，那么他就会很自觉地为自己施压，工作效率就会大大提高。人的潜力是很大的，这样做通常不会影响心身健康，因此，你不妨通过这种方式挖掘自己的潜力。

3. 摸清自己一天中的最佳工作时间。

人在一天中的精力就像大海的潮水一样，有高潮也有低潮。

只是因每个人生理素质的不同，高低潮的时间有很大差异。有的人早晨精力最充沛，有的人晚上能动性最高。我们要留心摸清自己的精力涨落规律，把一天中最重要的事情放在最佳的工作时间里办，而把一些较简单的事情放在其他时间处理。

4．用好习惯采取代拖沓的坏习惯。

许多人的拖沓已经成了习惯。对于这些人，要完成一项任务的一切理由都不足以使他们放弃这个消极的工作模式。如果你有这个毛病，你就要重新训练自己，用好习惯取代拖沓的坏习惯。每当你发现自己又有拖沓的倾向时，静下心来想一想确定你的行动方向，然后再给自己提一个问题："我最快能在什么时候完成这个任务？"定出一个最后期限，然后努力遵守。渐渐地，你的工作模式会发生变化。

5．通过合作来节约时间。

工作中不能单枪匹马地搞个人英雄主义。每一件工作都可以被分割成几个部分，自己只需做其中一部分，其他部分让别人去做，这样既能提高工作质量，还可为自己节约很多时间。特别是当有些工作自己无法完全胜任时，更要主动请求他人的协助，不要碍于面子而不去开口求人。毕竟个人的力量是有限的，要充分利用时间完成工作，就要学会借用别人的力量，让别人的时间成为自己的时间。

6．要善于利用零散时间。

时间不可能集中，常常会出现许多零碎的时间。例如等车、等电梯、搭飞机时，或多或少都会有片刻的空闲时间，如果我们不善加利用，这些时间就会白白溜走；反之，积累起来的时间所产生的效果也是非常可观的。推销员在等汽车时总有十几分钟的空当时间，若是毫无目标地四下张望，那么这个空当就是缺乏效率的时间。如果每天利用这十几分钟等车的时间想一想自己将要拜访的客户，想一想自己要说什么，对自己的下一步工作做一下安排，那么，你的推销工作一定能顺利展开。不要小看不起眼的几分钟，说不定正是由于这几分钟的策划，使你的推销取得了成功。

总之，时间对每一个人都是均等的，成功与否，关键就在于你怎么利用每天的24小时。会用的，时间就会为你服务；不会用的，你就为时间服务。

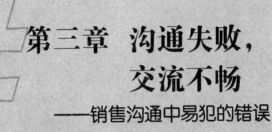

第三章 沟通失败，交流不畅

——销售沟通中易犯的错误

错误1 开场白毫无新意

　　一位销售代表初访一位潜在客户，他找到那家公司的负责人之后开始介绍自己："对不起！打扰您一下，我是××公司的销售代表，今天专程来拜访您。这是我的名片……"说着把名片递到了那位负责人手里。"哦。"负责人不置可否地答应了一声。然后销售代表又说："我们公司新推出一种产品，今天特地来为您介绍……""啊！又是搞销售的……"

　　显然，这是一次失败的推销，开场白毫无新意，销售失败的经历都是由此开始的。

　　事实上，像上例中那样"销售味道"浓厚的开场白，会使客户心里产生排斥甚至厌恶情绪。这是因为大多数客户都对商业性质过于浓厚的活动抱有防范心理，他们害怕自己的利益受到损失，或者不愿被打扰，因此导致沟通过程中出现阻碍和隔阂。

　　在销售活动中，开场白的好坏，几乎可以决定这一次访问的成败，说好第一句话是十分重要的。顾客听第一句话要比听以后的话认真得多。听完第一句话，许多顾客就自觉不自觉地决定是尽快打发推销员走还是继续谈下去。因此，推销员要尽快抓住顾客的注意力，才能保证推销的顺利进行。

　　销售人员：中午好，和总，现在方便吗？

客户：方便，哪位？

销售人员：我是东方人才的小张，有件事情想和您说，又怕您怪我，不过我还是鼓起勇气，给您打这个电话！

客户：什么事情？

销售人员：和总，昨天我偷了您的一件东西！

客户：嗯？！你偷了我什么东西？

销售人员：我偷走了您的智慧！

（非常有创意的开场白。）

客户：是吗？我们之前又没有见过，你怎么偷走我的智慧？

销售人员：昨天我在报纸上面看到对您的专访，您说了您之所以成功的三大秘诀，真是听君一席话，胜读十年书，我起码可以少走五年的弯路！

客户：谢谢，小女孩还挺会说话的！过奖了！

销售人员：不过您说的三点中间，有一点我前思后想，都想不明白，我可以再请教一下您吗？

（自己的崇拜者不了解自己的伟大思想，作为偶像怎么样也要尽力帮忙。）

客户：哪一点不明白？

销售人员：您说成功的关键在于组建一个优秀的团队……

（进入下一销售阶段。）

从这个例子可以看出，开场白要达到的目标就是吸引对方的注意力，引起客户的兴趣，使客户乐于与我们继续交谈下去。

在推销活动中，如果你的开场白足够吸引人，能在开场的那一段短暂的时间内抓住客户的心，那么接下来的推销活动会比想象中要容易得多。

俗话说"万事开头难"，如何在见到客户时巧妙开场，一下子就让客户对销售人员产生好感，进而对销售人员的推销也产生兴趣，对销售人员来说非常重要。所以，作为销售人员，必须要利用好开场白的机会，紧紧吸引住客户的注意力、抓住客户的心。

以下是几种常见的开场白方式：

1. 提问开场法

在提问开场法的开场白中，销售人员可以找出一个和客户需要有关系的，同时又是所销售产品能给对方带来满足的问题，以得到对方的正面答复。例如，你可以问："您希望减低20%的原料消耗吗？"对于那些有可能得到对方否定回答的问题，则应该小心谨慎地去提问。比如："您看过我们的产品吗？""没看过呀！""这就是我们的产品。"并同时将样品展示，接着再说："敝公司派我特地来拜访您。您觉得我们的产品如何？"

2. 向客户"求教"法

这方法就是销售员装不懂，向客户请教问题，以引起客户注意。此方法很适合那些好为人师，喜欢指导、教育别人，或者显示自己的人。例如："王总，我知道您在计算机方面是公认的专家。这是我公司刚刚研制出来的新型电脑，请您多多指导，不知道在设计方面还存在什么问题没有？"无论是谁在受到这番抬举后，对方都会接过计算机的资料信手翻翻，一旦被其先进的技术性能所吸引，推销便大功告成了。

3. 借助他人开场法

在初次拜访客户的时候，销售人员如果直接冒昧地去接近，其效果往往不会太好。如果能在客户面前提一提你们都认识的人,说明这次拜访是通过熟人介绍来的,或者提一下客户的朋友、亲戚或是某个公众名人,就可以相对容易地接近客户。因为客户在一般的情况下,借助第三方的面子,可以有效消除客户的戒备,从而给你面子。

4. 借题发挥法

借题发挥法是指推销时先不直接明言,而是借别的问题加以发挥,逐步引入正题,也是人们经常使用的一种开头方法。用这种方法谈话的效果是非常好的。在推销过程中,双方的进言、劝说,特别是碰到对方思想不通的时候,使用这种方法往往可以获得满意的推销效果。

5. 利益驱动法

几乎所有的人都对钱感兴趣,省钱和赚钱的方法很容易引起客户的兴趣,因此销售人员可以根据人们的这种容易受到利益驱动的特点去设计自己的开场白,如:"张经理,我听说贵公司每年花在电能消耗上面的钱都是一大笔开支,今天我正是想告诉您可以有一种方式帮助贵公司节省一半电费……"或"刘厂长,你愿意每年在原材料进入方面节约10万元吗?"

6. 讲故事开场法

有时用一个有吸引力的故事或笑话开场,也可以收到良好的效果。但在这样做的时候一定要注意,讲故事的目的不仅仅是为了让客户感到快乐,所讲的内容一定要与你的推销工作有某种关联,或者能够直接引导客户去考虑你的产品。

错误 2　随意称呼客户

在销售中，第一次约见客户，称呼尤为重要，如果销售员对客户称呼不得体，往往会引起客户的不快，甚至令客户生气，使双方陷入尴尬，造成销售障碍或中断。

有一位长者参加一个产品博览会，一个年轻的推销员主动问道："喂，老头，你买啥？"老人一听这个称呼心里就不高兴，气呼呼地说："不买就不能看看！还叫'老头'？"

推销员也生起气来："你这人怎么不识抬举？怎么，你不是老头子，难道还叫你小孩子不成？"

"你，你，简直没有教养，还当推销员呢？！"

老人生气地走开了。

在这个事例中，由于推销员使用不恰当的称呼语而引发了矛盾，话越说越难听，结果把客户气跑了。可见，如何称呼对方是很有讲究，值得销售员们研究和学习的。

一位保险推销员到一高档居民区推销保险，询问一位气度儒雅的老人："请问这位大妈，这里的住户都是干什么的？"这位老人慢慢悠悠地答道："大妈老了，什么也不知道啊！"

你的销售**错**在哪里？

保险推销员听出了老人的不悦，但又不明白问题出在哪里。原来，这是一个高级知识分子生活的社区，惯于接受"老师""教授"的称呼，"大妈"这个称呼如何能让她接受。所以，这次询问的失败应归咎于称呼不当。

所以，对不熟识的长者，一定要注意称谓。尽可能地为对方考虑，让对方耳根舒服，这样，交流才会很顺畅。

对销售人员来说，称呼是否得体在一定程度上决定了销售活动的成败。心理学家认为，得体的称呼能使人身心愉悦，增强自信，有助于形成亲密和谐的人际关系。而良好的人际关系能使人精神振奋、提高工作效率。而且，得体的称呼也能缩短人和人之间的心理距离。所以在销售中，销售员要学会正确称呼他人。

1. 选择正确的称呼方式。

（1）根据对方的年龄特征称呼。称呼长者，一般都用尊称，例如"老爷爷""老奶奶""大叔""大娘"等。

（2）根据对方的职业特征称呼。称呼工人、司机、理发师、厨师等用"师傅"，称呼教师为"老师"，称呼医生为"大夫"。

（3）根据对方的身份特征称呼。有时候因为年龄问题，别人可能不愿意接受你的称呼，最好的办法就是名字加称呼。

（4）根据你和别人的亲疏关系称呼。在与多人同时打招呼时，要注意亲疏远近和主次关系。一般来说先长后幼、先上后下、先女后男、先疏后亲为宜。

（5）根据说话场合称呼。在日常生活中，对领导、对上级最好不称官职，以"老李""老张"相称，使人感到平易近人，但在正式场合下最好称呼职称，这样才能体现工作的严肃性。

（6）符合对方的语言习惯。在一些地方称呼尼姑是"小师傅"，假如你叫当地一个女孩为"小师傅"，她肯定会跟你发火，就像当今社会"小姐"这个称呼一样，你要是随便称呼一个女孩为小姐，她同样会生气。

2．称呼的禁忌。

我们在使用称呼时，一定要避免下面几种失敬的做法。

（1）错误的称呼。

常见的错误称呼无非就是误读或是误会。

误读也就是念错姓名。为了避免这种情况的发生，对于不认识的字，事先要有所准备；如果是临时遇到，就要谦虚请教。

误会，主要是对被称呼者的年纪、辈分、婚否以及与其他人的关系作出了错误判断。比如，将未婚妇女称为"夫人"，就属于误会。

（2）使用不通行的称呼

有些称呼，具有一定的地域性，比如山东人喜欢称呼"伙计"，但南方人听来，"伙计"肯定是"打工仔"。中国人把配偶经常称为"爱人"，在外国人的意识里，"爱人"是"第三者"的意思。

（3）使用不当的称呼。

工人可以称呼为"师傅"，道士、和尚、尼姑可以称为"出家人"。但如果用这些来称呼其他人，没准还会让对方产生自己被贬低的感觉。

（4）使用庸俗的称呼。

有些称呼在正式场合不适合使用。例如，"兄弟""哥们儿"等一类的称呼，虽然听起来亲切，但显得档次不高。

（5）称呼外号。

对于关系一般的，不要自作主张给对方起外号，更不能用道听途说来的外号去称呼对方。也不能随便拿别人的姓名乱开玩笑。

总之，称呼他人为一门极为重要的事情，若称呼的不妥当则很容易让他人产生立即的反感，甚至嫉恨在心，久久无法释怀。一个热情、友好而得体的称呼，能似妙言入耳，如春风拂面，使对方顿生亲切、温馨之感。

错误3 赞美不对，客户反胃

虽说客户都喜欢听赞美的话，但也并不是喜欢一切赞美自己的言论。赞美的话若说得不得法，不仅达不到预期的目的，反而会引起客户的反感。比如说，有的销售员与客户面谈，只要看见主人是女的，张口就说："您长得真漂亮!""您打扮得真好看!"或"您显得真年轻!"像这种一点铺垫都没有的夸奖，太不自然了，碰上脾气好的至多不过说你神经病，然后扬长而去，要是碰上脾气不好的，不骂你个狗血淋头才怪呢。赞美是一件好事，但绝不是一件易事。赞美别人时如不审时度势，也会变好事为坏事。

某化妆品公司销售代表小李，在他刚刚步入销售人员的行列时，曾因赞美不得法而得罪了客户。

那天，他拜访一位魏小姐，恰巧魏小姐的一位闺中密友也在，为了争取到更多的客户，给刚刚认识的女士们留下一个好的印象，他决定依靠赞美这一战术来达到打动她们的目的。

出于这样的心理，于是他对魏小姐说："您的朋友很漂亮。"魏小姐的朋友听了很高兴，走过来跟小李握手，又对他的化妆品问这问那，显得很热情。

小李很得意，认为自己的赞美话术奏效了。事实上也的确如此。但就在此时，小李转过头发现魏小姐一言不发，好像很不高兴的样子，对自己也不再热情。小李心里明白自己对其他人表示赞赏之意而将主人魏小姐忽略，这犯了销售的大忌。小李心里一急，又加了一句话："就是皮肤黑了点。"

这时，杠杆平衡了。但是，结果并不是两个人都对他热情有加，而是都对他冷眼相看，认为这个人怎么这么不会说话。就这样，小李不但失去了两个潜在的客户，而且令自己颜面尽失。

为了避免赞语引起客户的误解，不要突然没头没脑地就大放颂辞。销售员对客户的赞美应该与眼下所谈的话题有所联系，要留意应在何时以什么事为引子开始称赞客户。客户提及的一个话题，或述说的一个经历，也可能是他列举的某个数字，或是他向销售人员解释的一种结果，都可以用来作为引子。

一男青年晚上在饭店碰到一位认识的女士，她正和一位女伴在用餐，两人刚听完歌剧，穿戴漂亮。这位男青年不禁眼前一亮，很想恭维一下客户："章小姐，今晚你看上去真漂亮，很像个女人。"这位女士难免生气地说："我平常看上去什么样呢？像个清洁工吗？"

在一次管理层会议上，一位报告人登台，会议主持人向略显吃惊的与会者介绍："这位就是刘女士，这几年来她的销售培训工作做得非常出色，也算有点儿名气了。"这末尾的一句话显然是画蛇添足，让人听了不太舒心，什么叫"也算有点儿名气"呢？

这些称赞的话会因为用词不当，让客户听来不像赞美，倒更像是贬低或侮辱。结果自然是事与愿违，不欢而散。

销售员在表扬或称赞客户时要谨慎小心，注意措辞。在列举客户身上的优点或成绩时，不要举出让听者觉得无足轻重的内容，比如向客户介绍自己的销售员时说他"很和气"或"纪律观念强"之类和销售工作无甚干系的事。你的赞扬也不可暗含对客户缺点的影射，比如这样一句口无遮拦的话："太好了，在一次次半途而废、错误和失败之后，您终于大获成功了一回！"不能以你曾经不相信客户能取得今日的成绩为由来称赞他。比如："我从来没想到你能做成这件事。"或"能取得这样的成绩，恐怕连你自己都没想到吧。"另外，销售员的赞美不能是对待小孩或晚辈的口吻，比如："小伙子，你做得很棒啊，这可是个了不起的成绩，就这样好好干！"

好的赞美就像空气清新剂，可以振奋客户的精神，"美化"身边的气氛，但也必须清楚，再好的清新剂也有过敏以致反感的时候，更何况人与人之间的关系如此复杂，如果不首先通达人情，不根据所赞对象的心情及当时情境的具体情况而乱赞一通，恐怕真的会事与愿违。

高明的销售员会针对客户的能力大发感慨。如到客户家里拜访，说："这房间布置得真别致，富有特色。"这是在赞赏客户的审美观。同样，对汽车也可以对独特的车内装潢进行赞美，比仅仅说"保养得好"强很多。同样，对一个女孩子说"这样的衣服穿在你身上，可真是绿叶扶红花！"这仅仅只是表达出了欣赏客户的眼光。如能紧紧盯住客户的知识、能力、品位，将赞美做到这一步，则说明你有一定的造诣了。

其实，赞美无需刻意修饰，只要源于生活，发自内心，真情流露，就会收到赞美之效。但要更好地发挥赞美的效果，也需要注意以下两个要点。

1．实事求是。当你准备赞美别人时，首先要掂量一下，这种赞美，对方听了是否相信，第三者听了是否不以为然，一旦出现异议，你有无足够的理由证明自己的赞美是有根据的。

2．热情洋溢。漫不经心地对对方说上一千句赞扬的话，也等于白说。缺乏热情的空洞的称赞，并不能使对方高兴，有时还可能由于你的敷衍而引起对方的反感和不满。

总之，对客户的赞美要客观、有尺度、出于真心，而不是阿谀奉承、刻意恭维讨好，这样做会适得其反，会引起客户反感。

错误 4　不会说客套话

我们先来看一个事例：

　　销售员：您好！我是××公司的小王。

你的销售*错*在哪里？

> 客户：你有什么事吗？
>
> 销售员：我想推介一下我们公司的产品。
>
> 客户：不好意思，我们是谢绝这样的事情的。
>
> 销售员：不会打扰您太多时间的，只需要一会儿就好。
>
> 客户：不好意思，请您事先预约。
>
> 销售员无奈地走了。

这个事例中的销售员到底是哪里出了错呢？

刚和客户见面，就直接推介产品，这是有问题的。一般来说，客户对陌生的推销通常具有防范心理，大多客户都没有闲暇去听素不相识的销售员的介绍。那么，怎样做才比较好呢？应先寒暄一下，说些客套话，了解对方的情况，如果能通过寒暄先与顾客建立良好的关系，再介绍产品就简单轻松多了。

在正式的销售开始之前，几句客套话能拉近销售人员与客户之间的距离。客套话本身并不正面表达特定的意义，但它在销售中是必不可少的。因为客套话能使不相识的人相互认识，使不熟悉的人相互熟悉，使沉闷的气氛变得活跃。尤其是初次见面，几句得体的寒暄会使气氛变得融洽，有利于顺利销售和成交。

> 王经理：李先生，您好！您这么忙还要打扰您，真是不好意思。这是我的名片，请多指教。
>
> 李先生：王经理，您好！
>
> 王经理：不知道李先生平常都有哪些休闲活动？（谈论客户的一些兴趣爱好）
>
> 李先生：我每周有两个晚上要去上软件设计的课程，星期日有时会带小孩去公园或动物园。

王经理：真不简单，很佩服您啊，工作这么忙，还能坚持学习。你有几个兄弟姐妹呀？（拉起家常，进行寒暄）

李先生：有一个哥哥、一个姐姐、一个妹妹，我是老三。

王经理：哦！他们都在哪里高就？

李先生：姐姐自己开一间化妆品店，哥哥在银行工作，妹妹是一家私人企业的职员。

王经理：都挺不错的嘛！

丁经理：哪里！

王经理：你们平时经常联系吗？

李先生：不常联系。只有在假期时大家才会一起出去玩，或吃吃饭，聊一聊。

王经理：您平常如何做理财计划呢？

李先生：一个月才几千元的收入，能做什么理财计划？

王经理：那您买保险了吗？

李先生：买了啊！

王经理：一年大概要交多少保费？

李先生：大概1000多元吧！

王经理：当初买保险是出于什么目的呢？

李先生：因为现在大多是小家庭嘛！万一我有个三长两短，太太、孩子怎么办？总要为他们想一想吧！

王经理：您真是一个负责任的好父亲呀！

李先生：哪里，哪里！

王经理：如果现在有一个工作能够将您的所学和您的业务方向结合在一起，也就是说，将管理和推销综合运用，让您表现得更出色，而且待遇是您目前的两倍，您愿不愿意去尝试一下呢?（切入正题"保险"）

　　李先生:当然愿意啦,那是什么工作呢?

　　王经理:就是保险行销事业呀!

　　李先生:但是,我不会做保险啊!而且我想我大概也不适合。

　　王经理:其实大多数人一开始都像您一样,觉得自己不适合做保险,我刚开始时也是这样的。不过,许多东西都是可以学的,就像您也不是天生就会电脑一样。我也不敢说您适不适合,只有去尝试以后才能下结论,而且刚好我们公司这个星期有一个讲座,您可以过来感受一下。

　　李先生:那好。

　　学会和客户适当地谈谈家常,这样更容易成功。在上面这个事例中,王经理通过闲聊一些普通的家常话,与李先生进行寒暄,有效地拉近了彼此的距离,增进感情,最后成功说服客户加入推销的行列。

　　一位汽车销售冠军说:"接近客户,并不是一味地向客户低头行礼,也不是迫不及待地向客户说明商品,这样做反而会使客户逃避。当我刚进入企业做销售人员时,在接近客户时,我只会销售汽车,因此往往无法迅速打开客户的心房。在无数次的体验、揣摩后,我终于体会到,与其直接说明商品不如谈些有关客户太太、小孩的话题,或谈些乡间的事情。让客户喜欢自己,关系着销售业绩的成败。"

　　很多时候,面对陌生的推销或拜访,人们都是拒绝的,而采用寒暄的方式接近客户,可以使双方的会谈气氛较为缓和,接着再进入主题,效果往往会比一开始就立刻进入主题要好得多。下面几个寒暄的主题，可供销售员参考。

1. 天气。天气是最好的聊天话题，人们也常把天气当做初次见面时的聊天话题。因为天气既不涉及双方的利益，又是大家都感兴趣的事情。"昨夜的风好大呀！贵公司有没有受到什么损失？"除了把天气当话题之外，还可以当做关心对方的题材，但是，切记不要在与天气有密切关系的行业内多谈天气。如果您对一位雨伞店的老板说"最近一点雨都没下，天气简直太好了"，对方会是什么感受呢？

2. 兴趣。兴趣也是与客户聊天时的最好话题，但客户是千变万化的，所以要应付千变万化的客户，就必须准备多方面的知识。与客户聊起其兴趣时，必须与客户同一步调，也就是说不要批评客户的嗜好。例如客户喜欢钓鱼，不能说："哎呀！我觉得钓鱼不好！纯属浪费时间！"而应该说："钓鱼不错，很有成就感。"

3. 新闻。最近的新闻也是你与客户聊天的很好的话题。新闻可以引起客户的好奇，例如："昨天晚报上的头条新闻……"作为一名销售人员，一定要看报，因为报纸上有许多丰富的话题。

4. 出差或国外旅行的见闻。现代的上班族出差或旅游机会很多，你一定会发现许多值得向身边的人讲述的见闻，这些见闻也一样可以拿来与客户聊天。

5. 升职。你的客户当选为公司的部门经理，你该向他道贺；他的女儿金榜题名，应该率先前往道贺，而且在销售沟通的时候，时不时地要把这些事情提出来，让他高兴。

6. 家庭。有些客户非常喜欢自己孩子，比如我们在开篇案例中提到的方先生，这样的家庭信息，销售人员也要注意收集，作为双方聊天的内容。但需要注意的是，家丑不可外扬，客户的家丑更不能外扬。千万不要对客户说："我刚刚听说贵公子在外面又打架了？"

7. 工作。相对而言，工作这个话题不太好谈。销售人员尽量不要问客户工作的一些详细内容，他不一定会告诉你。尤其是有关他的生意中赚与赔的事情，更不会将真实的情况告诉你。

很多时候，一份难能可贵的客户关系就是由一次不经意的拉家常开始的。拉家常看似简单，实则非常有学问。这需要我们练就一双火眼金睛，能迅速找到客户的兴趣点和令其骄傲的地方。

无数事实证明，如果销售人员在接触客户说开场白时，能和客户谈论一些家常，就能很好地增进彼此的亲切感，从而为下一步的推销工作打下良好的基础。但值得注意的是，寒暄时，千万不要涉及客户的个人隐私。

错误5　记不住客户的名字

一位销售员急匆匆来到一家公司，找到经理办公室。"张经理，您好，我叫刘翔，是××公司的销售员。""刘先生，恐怕你找错人了，我姓李，不姓张。""啊，真的很抱歉，可能是我记错了。是这样的，我想向您推荐我们公司新推出的多功能音箱。""我们暂时没有购买音箱的准备。""这样啊，不过我们还有其他产品，这是产品资料，您可以先看一下。"说着，销售员将资料放在了办公桌上。"不好意思，我们公司对这些并不感兴趣。"李经理说完做了一个请的手势，继续工作了。

从这个事例可以看出，如果销售人员记错了客户的名字，也就失去了推销的机会。

戴尔·卡耐基说："一种最简单但又最重要的获取别人好感的方法，就是牢记他或她的名字。"在销售中也是这样。谁都喜欢被别人叫出自己的名字，所以不管客户是什么样的身份，与你关系如何，你都要努力将他们的容貌与名字牢牢记住，这会使你的推销畅通无阻。

> 推销员希得·李维曾经遇到一个名字是非常难念的顾客。他叫尼古玛斯·帕帕都拉斯，别人因为记不住他的名字，通常都只叫他"尼古"。而李维在拜访他之前，特别用心地反复练习了几遍他的名字。当李维见了这位先生以后，面带微笑地说："早安，尼古玛斯·帕帕都拉斯先生。"
>
> "尼古"简直是目瞪口呆了，过了几分钟，他都没有答话。最后，他热泪盈眶地说："李维先生，我在这个小镇生活了三十五年，从来没有一个人人试着用我的真正的名字来这么称呼我。"当然，尼古玛斯·帕帕都拉斯成了李维的顾客。

一个名字就是一个人在这个社会的代码，销售员在做销售活动的交往中，如果能够随口说出客户的名字，会让对方感到自己被重视，自己是一个对别人来说重要的人。

姓名，是世界上最美妙的字眼，每个人都十分看重自己的姓名。记住客户的名字是非常重要的事，忘记客户的名字简直是不能容忍的无礼。记住别人姓名，并真诚地叫响客户的姓名，它不仅意味着你对客户的接纳，对客户的尊重，对客户的诚心，对客户的关注，还满足了人类基本的心理需求，拉近了你与客户之间的距离，同时也体现了你的知识、涵养和魅力所在。

威士顿·苏勒在20世纪30年代中期接管了他父亲旅馆里的餐厅，将这原先只有20个座位的小餐厅发展成家族企业，而后横跨密歇根州开了多家分店，成为一条环绕密歇根南部的餐馆带。《旅游及假日》杂志曾把这家享有盛名的餐馆评为全美最佳餐馆之一。

你一定会感到奇怪，苏勒的成功和人名有什么关系呢？有很大的关系！得知某个人的名字后，把它记住，恰如其分地用对地方，这是苏勒的成功策略之一，也是他攀登顶峰过程中所运用的诸多重要方法之一。

他对每一个到店里来的客户都热诚欢迎，就像欢迎到他家做客的贵宾一样。同时，他记下了每一位与他有过接触的人的名字。当然，尽管苏勒记忆人名的能力相当惊人，但也达不到100%，最多也只有80%。

那么，苏勒是怎样记住别人名字的呢？每当他和别人初次见面，无论是客户，还是商场上的同行或员工，苏勒都会问他的名字，而且是全名，然后将这个名字重复念三遍。经过这道程序以后，苏勒满有信心地说，他可以永远记住这个人的名字了。得知一个人的名字并且永远不忘记，这就是苏勒的哲学。当然，他也用了一些诀窍来帮他做到这一点。他在餐馆时，会有意识地留心别人的谈话，然后把名字暗暗记下。如果有四个人坐在一张方桌旁，他就会走上前去介绍自己，同时问这四位客人的名字。然后他将这四人跟东、南、西、北四个方位联系在一起，比如史密斯北、怀斯东等等。如果是六个或八个人坐在一张圆桌旁，苏勒就将他们跟手表的指针方向联系在一起，比如史密斯在两点钟方向、怀斯在八点钟方向，其他的人则以此类推。

为了巩固记忆，苏勒还会把这些名字写下来，晚上睡觉之前，再把这些名字再拿出来浏览回想一遍。苏勒坚信，重复是记忆的最好办法，而事实证明，他的方法也确实有效。

善于记住客户的姓名是一种礼貌，也是一种感情投资，在与客户交往的过程中会起到意想不到的效果。美国一位学者曾经说过："一种既简单但又最重要的获得好感的方法，就是牢记住别人的姓名，并且在下一次见面时喊出他的姓名。"名字作为每个人特有的标识，是非常重要的。对一个人来说，自己的名字是世界上听起来最亲切和最重要的声音。记住它不但可以获得友谊、达成交易、得到新的合作伙伴的通行证，而且能立即产生其他理解所达不到的效果。

世界上天生就能记住别人的名字的人并不多见，大多数人能做到这一点全靠有意培养形成的好习惯。你一旦养成了这个好习惯，它就能使你在销售活动中占有很多优势。

记住客户的姓名，并不是一件轻而易举的事，需要下一点工夫，还得有一套方法，一般能记住大量名字的人的方法，主要有如下几点：

1. 用心听记。

把准确记住客户的姓名和职务当成一件非常重要的事。每当认识新客户时，一方面要用心注意听，一方面要牢牢记住。若听不清对方的大名，可以再问一次："您能再重复一遍吗？"如果还不确定,那就再来一遍:"不好意思,您能告诉我如何拼写吗?"切记!每一个人对自己名字的重视程度绝对超出你的想象,客户更是如此!记错了客户名字和职务的业务员,很少能获得客户的好感。

2. 记住每个人的特征。

人有许多方面的特征,有外形的特征,如眼睛特别大,胡子特别多,前额很突出等等;有职业上的特征,如他最擅长某一技术,在某一技术、学识上有受人称道的雅号等等。有的名字故意用些生僻的字,或者很少用来作名字的字;有的名字与其他人的名字完全相同,这本来是没有特征的,但可以把"同名共姓"作为一个特征,再把他们区别开来,就容易记忆了。

3. 用本子记下对方的名字。

如果对方的名字比较难记,你可以说:"我记忆力差,请让我记下来。" 对方不但不会讨厌,还会产生一种自重感,因为你真心实意想记住他的名字。为了防止以后翻到名字也回忆不起来,除了记下名字以外,还要把基本情况,如性别、年龄等,记下来。这个小本本要经常翻一翻,一边翻一边回忆那一次会见此人的情景,这样,三年五载以后再碰到此人,你也可以叫出他或她的名字来。

错误6 随意打断客户说话

在销售中,我们发现有些销售人员,老是打断客户的话或是抢客户的话,没等客户说完话,就急于要发表自己的看法,结果弄得客户十分反感。很显然，这种打断别人说话的行为是一种最无礼的行为，甚至会导致销售失败。

销售员：王经理，据我观察，你们公司自己在维修电脑方面花的钱，要比雇佣我们来干，花的钱还多，对吗？

王经理：话是不错，我们自己干确实也不划算，可是，毕竟我们是第一次合作，我怕……

销售员：不好意思，我能插一句吗？您知道的，我们公司在这方面的人才都是非常专业的……

王经理：这个我相信，不过你误会我的意思了，我的意思是……

销售员：您的意思我明白，您的下属即使有专业的人才，维修这么多电脑也得花费很多的时间吧？

王经理：你还是不明白我的意思，现在我们公司……

销售员：再打断您一下，好吗？我只想说一句话，我认为……

王经理：好了，不用再说了，你可以出去了！

在销售过程中，经常打断客户说话，无异于"自杀"。上例中的这位销售员之所以被下了逐客令，原因就是他三番五次地打断了客户的话。在与人交谈的时候，谁都喜欢当谈话的主角，谁都不喜欢别人乱插话。想象一下，当一个人正兴致勃勃地讲一件事，四周也围满了听得津津有味的听众时，你突然插嘴："喂，这是在昨天新闻上看到的事吧？"无故被你打断说话，说话的那个人绝对不会对你有好感，而且其他人很可能也觉得你不懂事。

培根曾说："打断别人，乱插嘴的人，甚至比发言者更令人讨厌。"那些不懂礼貌的人总是在别人津津有味地谈着某件事情的时候,冷不防地半路杀进来,让别人猝不及防,不得不偃旗息鼓而退。这种人不会预先告诉你,说他要插话了。他插话时有时会不管你说的是什么,而将话题转移到自己感兴趣的方面去,有时是把你的结论代为说出,以此得意洋洋地炫耀自己的光彩。无论是哪种情况,都会让对方顿生厌恶之感,因为随便打断别人说话的人根本就不知道尊重别人。

在销售过程中,随意打断客户的话,是最失礼的行为。即使你认为自己多么有学问、有见识、有智慧,也应该在与客户谈话的时候少说多听,这不仅是对客户的一种尊重,更体现了你的内在修养。

孙伟在镇上盖起了一套三层的楼房,当房子三层刚封顶时,几个朋友在他家吃饭。席间,来了一位专门安装铝合金门窗的销售员。

那位销售员一见到孙伟,就马上双手捧上名片,向他推销自己的产品。孙伟听后说:"虽然我不认识你,但你刚刚的一席话的确打动了我,我觉得你的经验非常丰富,这个价格也适中……只是,在你来之前,我们厂里一名下岗钳工已经向我提起过这事了,说他下岗了,门窗安装之事让他来做……"

孙伟的话还没说完,那位销售员便插嘴说:"你说的是那个个体户老王吧?就他那点敲敲打打的小手段怎么能跟我们正规公司比呢?"

此言一出,孙伟的脸就阴了下来,他冷冷地说:"不错,他的技术是没你们好,也没有你们那先进的设备,但他已经下岗在家了，资金不够丰厚，只能这样慢慢完善。出于同事之间的交情，我也不能不给他做！"

那位销售员只好灰溜溜地走了。孙伟回过头来对朋友们说："这个销售员太没眼力见儿了，我的话本来是想暗示他，做铝合金门窗的人很多，不光他一个上门来找业务，希望他能稍微降点价。没想到他那么粗暴地把我的话打断了。哼！我宁愿再多掏点钱，也不会跟这样的人合作。"

每个人都会情不自禁地想表达自己的愿望，但如果不去了解别人的感受，不分场合与时机地就去打断别人说话或抢接别人的话头，这样会扰乱他们的思路，要讲些什么反而都忘了，还会引起对方不快，有时甚至会产生不必要的误会。

不要无端地打断客户的谈话，需要插话时也要学会适时地插话。每个人都喜欢别人从头到尾安静地听自己把话说完，以便借此展示自己的价值。所以，与客户交谈时要专注于对方所讲的话题，等对方讲完以后，再开始你的话题。

即使你没听懂对方说的话，或是听漏了一两句，也千万别在对方说话途中突然提出问题，必须等到他把话说完，再说："很抱歉！刚才中间有一两句你说的是……吗？"如果你是在对方谈话中间打断，问："等等，你刚才这句话能不能再重复一遍？"这样，会使对方有一种接受到命令或指示的感觉，显然，对你的印象就没那么好了。

不要急于插话，要想清楚自己要说什么，怎么插话、何时插话比较合适。即兴插话、语无伦次地乱讲一通，对方会很扫兴。只有把要插的话想好、说到位，才能令对方信服。

如果你想让客户喜欢你，接纳你，就必须根除随便打断别人说话的陋习，当要打断别人时，提醒自己多给别人一些表达的机会。

错误 7 死缠烂打，不懂换位思考

在销售的过程中，很多销售员是以个人盈利为目的。他们推销产品的方法简单粗暴，一见到客户就喋喋不休，甚至死缠烂打，客户明明说不喜欢，还追着客户推销产品。

在卖场的促销区出现了下面的场景：

"这位女士，我们正在做一个限时促销活动，如果您今天买了我们的化妆品，就可以享受免费皮肤护理一次。"

"对不起，我没有兴趣。我从来不用这个牌子的化妆品，哪怕优惠再多，价格再低，都不会考虑的。我看重的是品牌和质量。"

"这个您不用担心，我们公司有专业的美容师，他们会针对您的具体情况给您提供您需要的产品。"

"我根本不需要这个产品，没有必要去搞什么咨询。"

"我可以向您保证这种产品的质量绝对是一流的。而且还能免费做一次皮肤护理，多好的机会……"

"不好意思，我很忙"。顾客头也不回地离开了。

这位销售员的错误在于：不设身处地地为客户着想，而是自以为是，喋喋不休，终于引起顾客的反感。他的产品介绍是

"死"的，像背台词似的，完全不考虑顾客的感受和反应。这是一种典型的推销错误。

事实上，很多销售员在推销产品时都会犯类似的错误。总是一味地关心自己的产品卖出去卖不出去，一味夸赞自己的产品多么多么先进，多么多么优质，而不考虑是不是适合客户，客户喜不喜欢。他们把嘴巴当成喇叭，对顾客进行"广告轰炸"。殊不知，这种低级的推销手段早已过时，没人吃这一套了。

优秀的销售员要理解顾客关注的并不是所购产品本身，而是关注通过购买产品能获得的利益或功效。因为毕竟客户购买商品，是为了满足自己的需要，客户注重的是如何解决自己的问题，只有当商品和服务确实能够帮助客户解决问题的时候，即使销售员不去推销，客户也会主动去买。成功的销售员普遍具有一种很重要的品质，即积极主动、设身处地地为客户着想。站在对方立场去思考问题，才能了解客户的需求，才会知道客户需要什么，不需要什么。这样就能够比较正确而且也容易抓住推销的重点了。

在销售的过程中，销售人员应该把客户当做与自己合作的长久伙伴，而不是时刻关注怎么最快地把商品卖给客户。销售人员只有把客户的问题当做自己的问题来解决时，才能取得客户的信赖。因为，适当地为客户着想，会使销售人员与客户之间的关系更趋稳定，也会使他们的合作更加长久。

美国汽车大王福特说过一句广为人知的话："成功没有什么秘诀可言，如果非要说有的话，那就是时刻站在别人的立场上。"在销售过程中，如果销售员时刻站在客户的角度，为客户着想，成交的几率会大大增加！

你的销售*错*在哪里?

　　一个机械设备推销员，费了九牛二虎之力谈成了一笔价值40多万元的生意。但在即将签单的时候，发现另一家公司的设备更合适于客户，而且价格更低。于是，本着为客户着想的原则，他毅然决定把这一切都告诉客户，并建议客户购买另一家公司的产品，客户因此非常感动。结果虽然这个推销员少拿了上万元的提成，还受到公司的责难，但在后来的一年时间内，仅通过该客户介绍的生意就达百万元，而且为自己赢得了很高的声誉。

　　上面的这个例子让我们知道，客户需要得到适合自己的、能给自己带来实惠的产品和服务，当销售员真诚地为客户考虑了，让客户感受到了关心，客户才会和你达成交易，甚至和销售员建立长期的伙伴关系，实现彼此的双赢。因此，让客户满意的根本，是让客户感觉到销售员是在为客户服务，而不是为了获得他口袋里的钱，这样才能消除彼此之间的隔膜，使客户欣然接受。

　　纵观那些业绩突出的销售员，他们之所以业绩出色，是因为他们的价值观念、行为模式比一般人更积极。他们绝不会死缠烂打、不厌其烦地介绍自己的产品，而是主动为客户着想，以诚相待、以心换心。这样才能赢得回头客，保持业绩之树常青。学会换位思考，是销售员对待客户的基本原则，更是销售员成功的基本要素。

　　张先生随访问团到了纽约，他在城中的一家玩具店里看中了两个玩具，一个是非常漂亮的毛绒米老鼠，一个是男孩子喜欢的汽车模型。于是他询问起价格，打算买给自己的双胞胎儿女。

可那位销售人员却问他："先生，您来自中国吗？"

"是的。"张先生疑惑地想，难道国籍和买东西有冲突吗？

销售人员诚恳地说："先生，如果您来自中国，我建议您就不要买这个毛绒米老鼠了！"

"为什么？"

"因为这是中国生产的。"说完，销售人员特意给张先生看了看"中国制造"的标志。

销售人员接着说："您可以买这个新款的芭比娃娃，是刚刚上市的，国外还没有卖，女孩都很喜欢的。"

最后，在这位销售人员的建议下，张先生买了两个新款的芭比娃娃和一个汽车模型。

不管是在购买商品时，还是在享受服务时，客户往往都是以自我为中心的，他们首先想到的是自身的利益，希望通过购买商品来解决自己的问题。所以客户关心的是自己，如果销售员在推销的时候，能够站在客户的角度去考虑问题并介绍产品，为客户想想，多为客户打算，让客户感到你的关心，客户就会主动降低自己的心理防线，对你产生信任，特别乐意接受你的商品和服务。因此，销售员要懂得推销不是给客户传授知识和说教，而是为其提供服务和帮助，为客户解决问题和困难的，这样才能真正赢得客户的心。

你的销售**错**在哪里?

　　在推销产品时，销售员应本着双赢的原则，在考虑自身利益的同时，也要考虑顾客的利益。只有做到互惠互利，才能推销成功；只有让客户有利益，你才会有利益；只有站在双赢的角度思考问题，推销之路才会越走越宽。

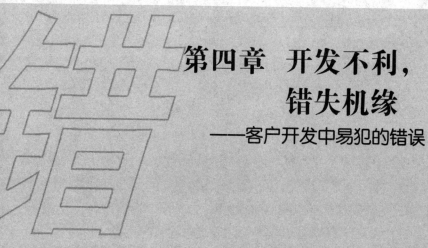

第四章 开发不利，
错失机缘

——客户开发中易犯的错误

错误1 拜访客户不合时宜

在销售行业，我们发现不少销售人员之所以推销失败，往往是因为选错了拜访客户的最佳时间。他们丝毫不考虑别人的立场，常常在不适合的时间点去拜访客户，甚至强迫别人购买自己的产品，因而一次又一次地吃闭门羹。

日本赫赫有名的推销之神原一平说："合理利用客户时间，就是尊重对方，让人喜欢你。"因此，销售人员拜访客户前，必须瞄准拜访客户的最佳时间。

选择拜访时间，不能以销售人员自己的生活为中心选择拜访时间。原则上来说，只有访问对象最空闲的时候，才是访问最理想的时间。因为不同职业的人生活习惯差别很大，人们的休息、玩乐、喝茶时间也不大相同。比如脑力劳动者喜欢熬夜工作，那么，你在晚饭后千万不要去打扰他，那样会影响他晚上的工作情绪和工作质量；而从事晚间娱乐业的人每天休息得很晚，早上大多喜欢睡懒觉，这时你千万别去按门铃，否则就会吃闭门羹。

对销售员来说，只有在恰当的时间推销，才有可能取得成功。无论是预约还是见面，销售员应尽量避开以下时间：

1. 会议前后、午餐前后、出差前后。会议前或出差前，人们需要养精蓄锐；午餐前人们往往饥肠辘辘；会议后或出差结束，人们都想解除一下全身的疲劳；午餐后，人们更是想享受一下饱餐之后的乐趣。你在这些时间去向他推销，结果可想而知。

2. 节假日。在节假日里，人都想享受一下天伦之乐，在此时打扰，会让人觉得不近人情。另外，还要避免节假日后第一天拜访客户。如果客户周末休息，销售人员就不应该周一去拜访。不只是周一，比如元旦、春节、五一和国庆节放假结束后的第一天上班，也不适合上门推销。因为大家都要处理一些内部事务，而且会议比较多。即使你业务紧急，也要尽量避开上午，最多也就是上午电话预约，下午过去。还有，月末各公司都比较忙乱，除了催收货款，一般也不要拜访客户。

3. 切忌客户下班或要关门时去拜访。客户下班或要关门时，意味着他们回家休息的时候到了。这时，他们不可能好好坐下来与你详谈；如果你影响他们下班或关门，他们还会在心里对你产生反感。

4. 不要选择搭乘火车、飞机前的时间。此时推销，无异于乱中添乱，自然不会有很好的效果，从而白白丧失机会。

如果因为不知道对方的情况而选择了这些不利的时间，一定要向对方道歉，说一句："对不起，不知道您有这样的计划，如果太忙，我们改日再谈。"如此，便能给对方留下一个好印象，为下一次的拜访打下良好的基础。

另外，如果和客户事先已约定时间见面，预约的时间一旦确定，就必须遵守，在约定的时间内到达，这是必须遵守的原则。

总之，由于拜访的目的在于彼此做充分的沟通，因此，选择最佳的拜访时间就显得十分重要。

错误2 以貌取人，妄下断言

好些年前，在哈佛大学里发生了这样一件事情：

一对老夫妇，女的穿着一套褪色的条纹棉布衣服，而她的丈夫则穿着布制的便宜西装，也没有事先约好，就直接去拜访哈佛的校长。

校长的秘书在片刻间就断定这两个乡下土老帽根本不可能与哈佛有业务来往。

先生轻声地说："我们要见校长。"

秘书很礼貌地说："他整天都很忙！"

女士回答说："没关系，我们可以等。"

过了几个钟头，秘书一直不理他们，希望他们知难而退，自己走开。他们却一直等在那里。

秘书终于决定通知校长："也许他们跟您讲几句话就会走开。"校长不耐烦地同意了。

校长很有尊严而且心不甘情不愿地接待了这对夫妇。

女士告诉他："我们有一个儿子曾经在哈佛读过一年，他很喜欢哈佛，他在哈佛的生活很快乐。但是去年，他出了意外而死亡。我丈夫和我想在校园里为他留一个纪念物。"

校长并没有被感动，反而觉得很可笑，粗声地说："夫人，我们不能为每一位曾读过哈佛而后死亡的人建立雕像的。如果我们这样做，我们的校园会看起来像墓园一样。"

女士说："不是，我们不是要建造一座雕像，我们想要捐一栋大楼给哈佛。"

校长仔细地看了一下条纹棉布衣服及粗布便宜西装，然后吐一口气说："你们知不知道建一栋大楼要花多少钱？我们学校的建筑物价值超过750万美元。"

这时，这位女士沉默不讲话了。校长很高兴，总算可以把他们打发了。

这位女士转向她丈夫说："只要750万就可以建一座大楼？那我们为什么不建一座大学来纪念我们的儿子？"

就这样，斯坦福夫妇离开了哈佛，到了加州，成立了斯坦福大学来纪念他们的儿子。

谁能想到，这样一对衣服朴素的夫妇，能有这么多钱呢？这也再一次证实了"人不可貌相"，对销售人员来说十分有借鉴意义。

在销售中，有些销售员接待完客户后常常会这样抱怨：

"今天的那个客户真是太没有水平了！"

"今天的那个客户一看就不像是买得起的人！"

"今天的那个客户一点儿品位都没有！"

……

这些话意味着销售员在心里讨厌这个客户，看不起这个客户，既然自己心里已经讨厌起了客户，自己在推销的过程中会肯定会不知不觉地把这种情绪带出来。客户在听你介绍的时候感觉被歧视，他们心中一定会感觉很气愤或者伤心，最后一定是不能够成交的。

事实上，销售人员仅仅凭借着一次面谈或通话就妄下断言有些不够明智，你怎么能肯定你的判断就是正确的呢？也许那个看上去不起眼的人，就是你的准客户。即便他现在不买，但如果你的服务态度好，你的介绍非常周全，他也可能成为你的潜在客户。

　　一个炎热的下午，有位穿着汗衫、满身汗味的老农，伸手推开厚重的汽车展示中心的玻璃门，他一进入，迎面立刻走来一位笑容可掬的汽车推销员，很客气地询问老农："大爷，我能为您做些什么吗？"

　　老农夫有点不好意思地说："不，只是外面天气热，我刚好路过这里，想进来吹吹冷气，马上就走了。"

　　推销员听完后亲切地说："就是啊，今天实在很热，气象局说有34℃呢，您一定热坏了，让我帮您倒杯冰水吧。"接着便请老农坐在柔软豪华的沙发上休息。

　　"可是，我们种田人衣服不太干净，怕会弄脏你们的沙发。"

　　推销员边倒水边笑着说："有什么关系，沙发就是给客人坐的，否则，买它干什么？"

　　喝完冰凉的茶水，老农闲着没事便走向展示中心内的新货车东瞧瞧、西看看。

　　这时，推销员又走了过来："大爷，这款车很有力哦，要不要我帮您介绍一下？"

　　"不要！不要！"老农连忙说，"不要误会了，我可没有钱买，种田人也用不到这种车。"

　　"不买没关系，以后有机会您还是可以帮我们介绍啊。"然后推销员便详细耐心地将货车的性能逐一解说给老农听。

听完后，老农突然从口袋中拿出一张皱巴巴的白纸，交给这位汽车推销员，并说："这些是我要订的车型和数量，请你帮我处理一下。"

推销员有点诧异地接过来一看，这位老农一次要订12台货车，连忙紧张地说："大爷，您一下订这么多车，我们经理不在，我必须找他回来和您谈，同时也要安排您先试车……"

老农这时语气平稳地说："不用找你们经理了，我本来是种田的，后来和人投资了货运生意，需要进一批货车，但我对车子外行，买车简单，最担心的是车子的售后服务及维修，因此我儿子教我用这个笨方法来试探每一家汽车公司。这几天我走了好几家，每当我穿着旧汗衫，进到汽车销售行，同时表明我没有钱买车时，常常会受到冷落，让我有点难过……而只有你们公司知道我不是你们的客户，还那么热心地接待我，为我服务，对于一个不是你们客户的人尚且如此，更何况是成为你们的客户……"

在实际销售工作中，很多销售人员常常会以貌取人，看着客户的外貌说话办事。看着打扮时髦、衣着考究的人，就迫切地上前套近乎，好把对方立即变成自己的准客户；而对那些穿着破旧的人，就爱答不理，内心想："反正你也没钱买，别害我白浪费感情。"虽然外貌在一定程度上能够反映一个人的经济实力，但它也不是绝对的判断标准。毕竟衣着朴素的有钱人大有人在。

退一步说，即使这个客户真的是身无分文，那么，既然他来了，他就是客户，出于基本的职业素养，我们也要善待人家。没准哪一天他发财了，还会记得你对他的友好接待呢。

要知道，客户没有高低贵贱，接待需要做到一视同仁。所以，销售员一定不要以貌取人，要知道，既然工作，就要认真去完成，不能应付，否则，别人也会应付你。

错误3 不了解客户信息

对一个销售员来说，了解客户资料，收集客户有关信息对自己的销售工作至关重要。如果对客户缺乏了解，在与客户交流时就会缺乏底气，无从下手，那么客户如何对你信服，并购买你的产品呢？

一位销售员急匆匆地走进一家公司，找到老总办公室，敲门后进屋。下面是他和老总间的一段对话：

"您好，张总。我叫××，是××公司的销售员。"

"我姓赵，不姓张！"

"哦，对不起。我没听清楚您的秘书说您姓赵还是姓张。我想向您介绍一下我们公司的彩色复印机。"

"我们现在还用不着彩色复印机，即使买了，一年到头也用不上几次。"

"这样啊！不过，我们还有别的型号的复印机。这是产品介绍资料。"他将产品介绍资料放到桌上，然后掏出烟和打火机说："赵总，请抽烟。"

你的销售**错**在哪里?

　　"我不抽烟,我讨厌烟味,而且,这个办公室里禁止抽烟。"

　　这是一次失败的销售,失败的主要原因是销售员事先没有认真了解客户的信息。在正式销售之前,销售员一定要做做功课,掌握客户的第一手资料,把它作为销售策略的依据。

　　了解客户是销售获得成功的关键。世界权威销售专家杜雷·勃德曾说过:"只有对客户已经有所了解,才能更好地去销售产品,对客户的了解要比我们对自己产品的了解还重要。"当销售员接近一个客户的时候,要做的第一件事情就是搜集客户相关信息。

　　中国有句古话:"知己知彼,百战不殆。"客户信息可以帮助销售人员接近客户,使销售人员能够有效地跟客户讨论问题,谈论他们自己感兴趣的话题,有了这些材料,销售人员就会知道客户们喜欢什么,不喜欢什么,销售人员就可以让他们高谈阔论、兴高采烈、手舞足蹈……只要你有办法使客户心情舒畅,他们不会让你大失所望。

　　乔·吉拉德的经验值得我们借鉴。刚刚从事销售行业,没有人脉的他最初就是靠着一个电话、一支笔和四张纸。上面写着拓展资源,只要有人接了电话,他会详细的记录对方的信息,比如对方的职业,喜好,需求等等细节,虽然吃了不少的闭门羹,但是也有了很多的收获。比如有人告诉他,要半年后再买车,他就记下了对方的需求,半年后又给该客户打电话。因为他掌握着对方的需求信息,促成了不少交易的达成。

要提高销售成交率，首先要收集客户资料，对客户有一个详细的了解，这也是销售人员提高销售成交率的最好方法。因为这些资料能让你更充分地了解客户，让客户感觉到自己被重视、被关怀，这样就能让客户真心相信你喜欢他、关心他。如果客户对你抱有好感，你成交的希望就增加了。

对于销售人员来说，客户信息是一笔财富，要把对客户的调查看成是销售的一部分。磨刀不误砍柴工，情报信息工作对于未来的销售价值是会不断增大的。

一般来讲，完整的客户信息包括以下几点：

客户基本信息：客户编号、客户类别、客户名称、地址、电话、传真、电子邮件、邮编等。

联系人信息：联系人姓名、性别、年龄、爱好、职务、友好程度、决策关系等。

客户来源信息：市场活动、广告影响、业务人员开发、合作伙伴开发、老客户推荐等。

客户业务信息：所属行业、需求信息、价格信息、客户调查问卷等。

客户交往信息：交往记录、交易历史、服务历史等。

客户价值信息：客户信用信息、价值分类信息、价值状况信息等。

完整的客户信息可以帮助销售人员更好地开展业务，建设完整客户信息的基础是建立相关的业务规范，在业务过程中不断收集、整理和完善客户信息。

那么，我们如何去全面了解客户的资料呢？途径很多。现在是一个网络的世界，很多的资料都能够从网上查到，这可以作为了解客户资料的主要来源。例如，你想了解一家公司，你可以先上网查找他们的资料，包括他们的历史、现状、员工人数、主要产品以及社会对于这家公司的评价等等，有了这些资料，就可以对他们的情况有初步的了解。

但是，网络上的东西毕竟不太全面，要想真正了解客户还需要进一步的努力，需要亲自到这家公司看一看，这样会有一个感性的认识，可以帮助你更全面地了解客户。现在每一家公司对每家客户公司，都会到实地去看一看，要求他们提供一些更为详尽的资料。有些聪明的销售员在挖掘客户方面更有一套，他们的秘诀就是"逛"客户的仓库。"逛"仓库首先是察看一下公司产品的库存情况，然后再查看一下其他相关产品的情况，还要估算一下这个仓库的即时库存量。每次"逛"完之后，他们都很有收获，对于怎么扩大自己的销路，都会有一个新的打算。

此外，可以从公司的员工那里得到重要的情报。如果你以为公司里的前台小姐、维修工人甚至清洁工都是无足轻重的话，那你就大错特错了，请你从今天起一定要好好重视他们，因为他们在某一方面绝对能够给你提供很有价值的情报。

发掘客户是一项细致的工程。你对客户的情况了解得越透彻，你的销售工作就越容易开展，你也会得到事半功倍的效果。

错误4 开发客户途径太窄

在销售中，常有销售人员会抱怨说："公司给的客户太少了，我根本不知道怎么找客户！"还有些销售人员开发客户像无头苍蝇一样乱撞，撞到一个是一个。这显然都是销售新人在开发客户上容易犯的错误。

其实，开发客户并没有想象中那么难，有很多销售员往往都忽略掉了自己所在公司的信息，其实自己所在公司是最容易充分利用的资源，而且肯定能爽快地给你提供帮助。

那么，自己公司内部有哪些可以利用的资源呢？

1. 现有客户。公司的其他部门可能正在向你不知道的一些客户进行销售。你可以从这些部门获得顾客目录清单，以及与这些顾客有关的有价值信息。这些目录清单可能包括一些你以前忽略掉的潜在客户。因为这些客户是你公司的老主顾，因此十分有理由相信他们会对你提供的产品或服务感兴趣。

2. 广告部门。为了推销某种产品，公司通常会在某一区域通过电视、广播或者报纸杂志做广告。公司打广告也要留意，推销员应该注意思考和观察，看打了广告的区域中客户的反映，并研究他们的购买倾向和购买原因，我们可能会从中发现一个庞大的客源群。

3. 财务部门。通过公司的财务部门，我们可以了解那些不再从公司买东西的老客户。如果你能知道他们不再购买的原因，便可以对症下药，采取一些技巧，让他们重新光顾。他们往往很熟悉你提供的商品或者服务，熟悉你的公司情况，如果他们能够重新光顾，也是一个不错的资源。

4. 服务部门。公司服务部门的人员能向你提供新的潜在顾客的信息。因为他们经常与从公司购买产品并需要维护或维修的顾客进行接触，所以，他们更容易识别出什么样的顾客需要新的产品。优秀的销售人员要学会鼓励服务部门的人员提供有关潜在客户的各种信息，并且在他们帮助下销售成功时，要给予他们一定的回报。公司的送货员也容易发现潜在客户的需求。最后,别忘了与非竞争对手公司的服务部人员进行合作。

除了本公司内的资源以外,在公司外还有很多资源可以用来寻找潜在客户。选择何种方式取决于你所销售的产品或服务。

1. 其他销售人员。其他非竞争公司的销售人员往往可以提供有用的信息。在与他们自己的客户接触时,可能会发现对你产品感兴趣的客户。若你与其他销售人员有"过硬"的关系,那么他们会把这些信息通知你。因此销售人员要注意培养这种关系,并在有机会时给他们提供同样的帮助。

2. 社团和组织。你的产品或服务是否只针对某一个特定社会团体,例如青年人、退休人员、银行家、广告商、零售商、律师和艺术家。如果是这样,那么这些人可能属于某个俱乐部或社团组织,所以,他们的名录将非常有用。

3. 报纸和杂志。只需留意一下宣传印刷品,你就会发现许多潜在客户的线索。报纸刊登的工厂或商店扩建的新闻对销售人员会非常有帮助。在商业杂志以及其他一些杂志上,你可以找到更多的商业机会。专业杂志对于许多产品的销售人员有非常重要的意义,销售人员应了解一下本行业的杂志并从中寻找潜在客户的线索。

4. 特殊的电话簿。不同于一般电话簿,这种电话簿按地区和街道,逐一列出所有电话号码。如果你想锁定城里的某个区域,这种电话簿就十分有用。如当你销售昂贵物品,你会锁定较富裕繁华的区域;如果你行销婴儿用品,你会锁定年轻夫妇偏好的住宅区。如果你公司没有这类电话簿,不妨试试图书馆,或是上网查询。

5. 公司的网页。很多公司将自己的网页当做是一种广告手法，公司的网页常常能提供你许多有用的资讯。

6．政府各级机关。政府机关有部分资讯是可以公开给大众参阅的。想了解潜在客户的个人财务状况？如果你知道他花了多少钱来买现在住的房子，你大概可以对他的财务状况有些概念吧！甚至，你从潜在客户的离婚诉讼案里可以知道的比你原先想探听的资讯要多得多。

7．商业公会名册。在商业公会中，你将能找到这个团体里最有影响力的人物。此外，你需要设法加入商业公会，尽可能与会员多多接触，甚至打入他们的社交圈。如果你是镇上唯一的建筑师，你必须多认识其他会员。当他们有求于你，如请你为他们设计新房子时，你的机会就来了。当然这得靠时间的酝酿，却能让你受用不尽。

8．各种联谊会、俱乐部、校友会的名册。假设你销售尿布，找亲子俱乐部就错不了。虽然有些团体很小，也从不登广告招徕新成员，但你可以尝试透过地方性报纸、图书馆等渠道，寻找这类团体的联络方式和活动状况。记得要尽可能加入相关团体，和成员们建立良好关系。

9．所在地商业杂志、地方报的工商专栏。对销售人员而言，阅读、剪报、归档，就是探勘金矿的法门。刚升职的银行新任副总可能正想买一部新车壮壮气势，来抬高身份，打造自己的新形象。刚搬来此地就任的某公司主管，很可能赁屋而居，直到他找到理想中的新房子。或许他还想添购些漂亮家具和取暖设施……通常越是小报纸，这类资讯越多。

10．亲朋好友、生意往来的朋友。不要对周遭的人视若无睹！如果你的朋友正热烈渴望上网一展身手，而你又正好销售电脑或相关产品，为什么不顺手帮他个忙呢？

11．社区开发组织。这类的半官方组织在城市推动某些开发社区、老旧社区改造，或重划区规划等，以吸引一些公司进驻繁荣地区。不妨造访这类组织，了解何种类别的产业将在当地开设店面。只要到各级政府机关查询，通常就能获得这些组织的相关资讯。

12．显而易见的使用者。如果你的公司开发出一种新型钢琴，亦无疑应该到当地的所有音乐学校和音乐才艺班去销售。

13．参加商业展示会。尽可能争取设置摊位，陈列你的产品。

14．地毯式搜索。拜访当地商业区，仔细研究谁在那里开店，哪些商店需要你的产品或服务。如果你发现了可能的潜在客户，千万别太着急，先别忙表露自己的身份，只要表示你想多了解该公司(店员也许会认为你是他们的潜在顾客)，索取其产品说明书、公司简介，以及其他相关资料。

总之，开发客户要尽可能去寻找更多自己不认识的客户，获得更多的客户资源，一定要多多开动脑筋。

错误5　忽视客户的秘书

有这样一个故事：

一天早上，一个推销员来到一个工厂要见工厂的经理，一位秘书出来问他："你是否和××先生事先有约？"

"没有，但我有些情报，相信他一定急于知道。"

秘书又问他的姓名及所属公司，他报出名字，并强调纯粹为私人事务。

"我是××先生的秘书，如果你有任何私事要跟××先生谈，我也许能代为处理，他现在非常忙碌。"

"既然是私事，我想最好能直接与××先生谈。"

当时那位经理刚好经过，他听到谈话，走了过去。推销员并不认识那位先生，他自我介绍并与经理握手后，问那位经理是否可到办公室谈5分钟，经理问他："到底有什么事？"他说："纯属私人事务，但我在这几分钟内可以让你明白一切。"

他们进了办公室后，他说："××先生，我们提供一项税务调查服务，可替您省下一笔可观的税金，而且这项服务完全免费，我们只希望能得到一些有关您的资料，并以处理机密文件的方式慎重保管。"

他接着拿出一张"问题表"，对那位经理展开一连串的调查和问题，经理很不解地说："等等，你在向我推销东西吗？你是哪家公司的业务员？"

在那位经理的紧迫地追问下，他变得支支吾吾："××先生，很抱歉，可是……"那位经理厉声再问："你到底是哪家公司的？"他不得已说出来："××保险公司，我……"经理立刻呵斥了一声："请你立刻出去。"

我们来分析一下这次推销失败的原因：

1．推销员没有事先约见。他在××先生最忙碌的时间里登门拜访，显得突兀而冒失。

2．他闪避了秘书小姐的问题："请问你是哪家公司的人?"因而引起猜疑。

3. 当秘书小姐说××先生正在忙碌时,他似乎表现出不相信的神情,以致引起秘书小姐的反感。

4. 他耍了花招才得以进入办公室,但也因此杜绝了他以后再进这家公司的机会。

想和忙碌异常的潜在客户见面时,应运用常识而非耍花招,但许多销售员忽略了秘书的重要性。事实上,秘书可说是极具影响力的左膀右臂,他们足以影响大局,毕竟他们是安排老板一切约会事宜的人。

每次和客户的秘书接洽时,便犹如和他的"左右手"一起工作。你会发现只要信任他们,诚恳地尊重他们,约会事宜总是可以顺利完成。

通常的做法是先设法查出秘书的芳名,然后抄录在备忘卡上以免忘记,和他们交谈时,也尽量称呼其名。打电话订约时便说:"王小姐,你早!我是××,不知你是否可替我安排今天或本周与××先生面谈,只要20分钟。"

在具体执行的过程中,我们要注意以下几点:

1. 不要撒谎,不要掩盖事实。当销售人员被秘书打发到其他部门时,很多人会使用这样的台词"我联系过那个部门,就是部门主管建议我与你上司谈一谈的",这很明显是在欺骗,一旦你的谎言被戳穿,没有人再会相信你。

2. 不要用胁迫的方式。有一些销售人员把这些行政助理和秘书看成是公司随时可以辞退的小跟班,于是尝试用傲慢、胁迫的态度来吓唬"看门人",他对接线人说"此事关系重大,我需要直接同关键人物谈,请给我接你的上司",用这样的态度,你并不会吓唬住对方,只会立即被对方列入不受欢迎的黑名单。

3．不要以为就你聪明，别人都是傻瓜。有一些销售人员并没有将"看门人"放在眼里，甚至认为对方没什么文化。当被对方问及打电话为何事时，这些销售人员就会说"这事有些复杂，你们老总知道的，请让我直接跟他谈吧"，这种说法可能管用，但也只可能管用一次，下次他们不会再相信你。

4．不要吞吞吐吐，试图隐瞒。这些"看门人"都是久经沙场的老手，如果你在回答他的问题时含糊其辞，那你通关的希望就很渺茫了。这些"看门人"想清楚地知道你是谁，你来自于哪家公司，为什么一定要决策者接电话，如果你没有令人满意的答案，没有充足的理由，那就不太可能见到决策者。

总之，别妄想将一些小技巧和小聪明当做通关密码，或许你能蒙混过关，但下一次你不会再有好运气。

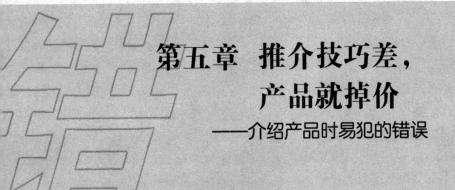

第五章 推介技巧差，产品就掉价

——介绍产品时易犯的错误

错误 1 不让客户与产品"亲密"接触

有一个推销员在广场上向顾客推销太阳伞，什么材质一流，质量上乘，款式新颖，干巴巴地说了半天，结果没有一个人前来购买。

这显然是一场失败的推销。其实，这个推销员与其唠唠叨叨说上半天，倒不如轻松地将伞打开，扛在肩上，再旋转一下，充分地展示出伞的风采，这样会给客户留下更深的印象，从而对你的商品产生好感。

这个失败的事例告诉我们，在向客户推荐产品时，一定要让对方不仅听到，而且还要看到，甚至要摸到，必要时还要当场示范。一旦让客户亲身参与到产品展示中体验产品，可以使产品展示的效果加倍。如果销售员所销售的产品品质优秀，那么客户在参与产品展示的过程中，就会惊讶于产品的品质，从而立即喜欢上这款产品，更乐意马上购买。

一家铸砂厂的销售员为了重新打进已多年未曾来往的一家铸铁厂，多次前往拜访该厂采购科长。但是采购科长却始终避而不见。在销售员紧缠不放的情况下，那位采购科长迫不得已给他5分钟时间见面，希望这位销售员能够知难而退。但这位销售员却胸有成竹，在科长面前一声不响地摊开一张报纸，然后从皮包里取出一袋砂，突然将砂倒在报纸上，顿时砂尘飞扬，几乎令人窒息。

你的销售**错**在哪里?

　　科长咳了几声,大吼起来:"你在干什么?"这时销售员才不慌不忙地开口说话:"这是贵公司目前所采用的砂,是上星期我从你们的生产现场向领班取来的样品。"说着他又另铺一张报纸,又从皮包里取出一砂袋倒在报纸上,这时却不见砂尘飞扬,令科长十分惊异。紧接着又取出两个样品,性能、硬度和外观都截然不同,使那位科长惊叹不已。就是在这场戏剧性的演示中,销售员成功地接近了客户,并顺利地赢得了一家大客户。

　　这就是演示的作用,也是销售员要高度重视演示的原因。有说服力的演示,在一定程度上可以极大地促进产品的销售,将自己所销售的产品与其他公司的产品明显地区别开。最重要的一点是,演示可以很直接地减少顾客的异议。

　　介绍产品是销售中必经的阶段,也是让客户拿主意的关键阶段。如果销售员能够生动地描述,并加上客户的亲身感受,往往可以让客户产生购买的欲望。

　　古语曾说:"耳听为虚,眼见为实。"尽管有的时候顾客也许不会听销售人员所说的话,但是他们都不会怀疑自己的眼睛所看到的事实。在销售员充分的演示中,顾客可以从中了解很多自己想要了解的知识,产品能取得顾客的信任和认可,自然就会减少顾客产生异议的机会。

　　销售专家贝利给一位羊毛衫批发商演示了怎么向顾客销售一种新式牙刷。贝利给顾客一只放大镜,然后再把新旧两种牙刷给他。他说:"看看放大镜下两种牙刷有什么不同。"羊毛衫批发商学会了这招,那些靠便宜货和他竞争的对手被他远远抛在了身后。他没有必要再向顾客们不厌其烦地解释为什么他的货价格高。以后他总是随身带着一只放大镜。不久后他对贝利说："太让我吃惊了，顾客那么容易就接受了这种鉴别方法，我的销售量大幅增加了。"

常言道：百闻不如一见。推销员的语言无论多么生动，其效果也比不上让消费者亲眼看一看产品的特征和效能。实证比巧言更具有说服力，不论销售员销售的是什么，如果都能想方设法展示商品，并让客户亲身参与，就能够吸引他们，掌握住他们的感情，从而有更大的把握将产品销售出去。

那么，如何让客户参与到产品的体验中、亲身来体验产品呢？

1. 让客户参与到问答及活动中来。

销售员在做产品介绍时，如果用问题结束每一次产品描述，可以更有效地让客户参与到展示中。例如，销售员刚刚介绍完一款印刷产品的印刷品质，就可以问问客户，他对印刷的质量感觉如何，或者最喜欢的机器型号是哪一个。然后，不用停顿太久便转到下一个要点，因为停顿太久会使客户的心思分散，产生其他的想法。例如，他或许会考虑往后拖拖，或仔细考虑一下价格。

让客户参与到问答及活动中来，可以让销售员比较好地掌握产品展示的场面和效果。而且，问句的形式可以让销售员更好地引导客户，让其最终做出购买的决定。

2. 让客户亲身体验产品。

优秀的销售员会积极创造让客户亲身体验产品的机会，一旦客户对产品有了一些切身体会，他们就更容易联想起拥有产品之后的感受。所以，对于销售员来说，完全没有必要不舍得让客户使用自己的产品，客户只有亲眼看到效果，亲自感觉到产品的好处，才能乐意购买产品。

3. 销售员要有欣赏自己产品的态度。

销售员要想取得理想的展示效果，在向客户展示产品时，就必须表现出十分欣赏自己产品的态度。而如果销售员一点也不欣赏自己的产品，在展示产品时必然会自觉或不自觉地显露出来，这时细心的客户会觉得连销售员自己都不欣赏自己的产品，那这肯定不会是好的产品。

一次现场示范胜过一千句话。向客户演示产品的功能和优点，告诉客户你给他们带来的利润，给客户一个直接的冲击，这非常有利于销售成功。

错误 2 夸大或吹嘘产品的优点

在销售过程中，为了吸引客户而不惜编造事实，或者向客户夸大收益，使客户在误导之下购买商品或服务，这是推销中最大的忌讳。过分吹嘘往往会让客户感觉到你的不实在，从而心生反感和不信任。哪怕你的产品确实有独特之处，一旦让客户感觉到你在吹嘘，也会放弃和你的合作。

有一家医院长期以来一直采购某家药厂的产品，突然有一天，他们不再使用该药厂的产品了。原因很简单，就是因为药厂的销售员在拜访负责药品采购的客户时过分夸大了产品的优点，他对那位医生说："这种药丸是你们医院所有气喘病人治愈疾病的良药。"

一听此话，医生很生气，说："你倒是真敢吹牛，我院有一些病人已经使用过，一点都没效果！"

那个销售员走后，有人问医生："是不是真的完全无效？"

"也不完全如此。据其他一些医生反映，就解除症状而言，它是蛮有功效的，但是气喘是无法根治的，有太多的因素会使它发作，心理受到影响也可以成为发作的因素之一。"

"你希望那位销售员怎么说呢？"

"如果他对我说：'王大夫，在病人不知情的情况下所作的大规模实验显示，这种药物对80%的气喘患者能有效减轻症状。'我就会阅读那份报告，并增加处方量。老实说，那还算是不错的产品，但为什么他要向我无端夸大产品的优点呢？"

在向客户介绍产品的过程中，一旦被客户抓住了产品的某些缺点，往往会让销售工作变得被动起来。所以，销售员为了避免这一点，必然要为产品说好话，转移客户的注意力。这是正常的，但是，如果过度夸耀自己的产品就不好了，这样造成的结果是：对产品市场比你还了解的客户会因此永远地不信任你，而不知情的客户购买后发现产品达不到你所夸耀的程度也会出现抗拒、厌恶的情绪，甚至会因此而投诉你。

因此，夸大其词的宣传并不能真正打动客户，促成交易的方式主要是宣传产品或服务的功能，而不是对产品做浮夸的介绍，客户更在意的是销售员的介绍是真实可靠的。

你的销售**错**在哪里?

可以说,销售中销售员虽然需要"老王卖瓜,自卖自夸",努力张扬产品的好处,但在介绍产品的实质性功能方面,一定要客观,给客户一种实事求是的感觉。所以,销售员要对自己的产品和经营状况了如指掌,清楚自己提供给对方的建议书各项条款是如何满足对方需要而又不言过其实,并要把这些具体的数字或可信的依据清晰地摆出来,那样就容易打动客户了。

那么,销售员如何避免做夸大的介绍呢?

1. 在介绍产品时要做到客观。

销售员在介绍产品时,要尽量保持简单明了,并且避免啰唆,这样不但可以将产品的特性突显出来,还能够让客户容易接受。

"我们可以选择使用这种无油烟炒锅。如果用它炒菜的话,不但没有油烟,而且不会糊锅。"

"不错,虽然这款手机的价格很便宜,但是它的功能还是比较全的,不仅能够支持蓝牙、红外线及数据线,还具备扩展功能,而且其扩展功能是很强的。"

"这种复印机只需要扫描一次,就可以复印很多次,而且每次复印的效果同样很清晰。"

所有销售员都应该注意一个问题,当你在介绍产品的资料时,必须要做到绝对真实可靠。

因为它展示的是该产品的主要功能和特性,如果其中存在一些虚假信息的话,必然会产生一些不利的影响。

2. 在介绍产品时要做到扬长避短。

任何一个产品,都存在好的一面和不足的一面。作为销售员就应该站在客观的角度上,与客户分析产品的优势在哪里,然而对于产品存在的一些缺点,要尽量去回避,但不是一味去欺瞒客户。

3. 在介绍产品时要着重于益处。

当客户购买产品时，必然是因为他认为此产品的价值远大于自己为之所付出的金钱。一般来说，客户都希望产品具有以下功能：

（1）能够给其带来更多的收益。

（2）能够为其节省更多的时间和精力。

（3）能作为提高其身份和地位的象征。

（4）能够满足其健康和安全的需求。

（5）能作为一种时尚和品位的体现。

因此，当销售员向客户介绍产品时，仅说明和示范产品的特性是不够的，还要从具体情况出发，根据客户的实际需要，找出其最关心的问题，然后以产品中可以满足这一需求的优势为手段，向他发出猛烈地"攻击"，这样自然就能促成交易。尤其是，客户一旦觉得产品的某一些优势正是他所需要的，即使他明明知道产品本身存在一些缺陷，他也会认为无所谓，并欣然接受。

错误3 对产品问题解答不清楚

有这样一个销售实例：

客户：小姐，你能给我说一下这两个型号的空调，为什么这一台要比那一台的售价要高呢？而且高出很多。

你的销售**错**在哪里?

> 销售员：这一台的性能要比那一台的好。
>
> 客户：好在哪里？详细说一下。
>
> 销售员：这个不太清楚，反正是这台要比那一台好。
>
> 顾客：我知道这台要好一些，但我需要知道它在哪些方面要好过那一台，是否是物有所值。你说不清楚，我怎么比较？
>
> 销售员无言以对。

可想而知，这桩交易没有做成。一个销售人员对自己销售的产品一点都不了解，这样怎么能够获得客户的认同呢？

对于销售员来说，你必须让客户觉得你是他们的专家、顾问，你是用产品或服务来帮客户解决问题的人，而不仅仅是销售员而已。顾客不一定会因为销售人员宣称的产品优点而做出投资，但一定会因为这个产品能够给他们解决问题而掏钱。

不论在产品市场还是服务市场中，竞争给消费者提供了更大的选择空间。此时，影响他们选择与决策的因素已经不仅仅是产品本身，而是在产品、服务与消费者之间扮演桥梁角色的销售人员的专业能力。

除了某些功能简单、消费者有良好消费知识的产品外，产品销售对销售人员的专业能力提出了更高的要求。对于一些新产品，消费者缺乏消费经验，会对购买产生某种恐惧和担忧，对后续的使用中售后服务占有重要位置的产品与服务尤其如此。此时，销售人员如果不具备这方面的专业知识，即使声音再动听、说得再好听也难以打动顾客的心。因而，加强对产品的理解与认识是当前销售人员必须解决的根本性问题。

掌握专业的知识和巧妙的销售技巧是提升销售业绩的制胜法

宝，能为你的销售带来突飞猛进的发展，当然这些需要通过销售人员积极学习和在实战中摸爬滚打练就而成。

　　李莉是布料厂的一名销售人员。一次，她的一位服装厂的客户方先生打来电话，要和她取消合约。李莉赶紧到方先生所在的服装厂了解情况。

　　方先生见了李莉，很生气地说道："李莉，我们不想再购买你们的布料了！"

　　李莉："为什么啊？以前不是好好的吗？"

　　方先生："你们这批布料的质量实在太差了！"

　　李莉："您是指哪方面的质量问题啊？"

　　方先生："你可以到我们的生产车间看看，你们的布料正在褪色！"

　　李莉心想：现在与他争辩，肯定不会有什么好结果，还是先去看看再说。于是，李莉跟着方先生来到生产车间。李莉通过观察，找到了布料褪色的真正原因。于是，她转身向方先生说："我同意您的说法，这些布料确实褪色了。"

　　等到方先生平息了怒气，李莉继续说道："如果是我，这些布料褪色了，我也会要求退货的。"

　　方先生："是的。你曾经说过，只要我们的机器与布料接触面的温度不超过25摄氏度，它们就不会褪色。"

　　李莉点了点头，然后问道："请问贵厂的室内温度是多少？"

　　方先生："大约30摄氏度吧！"

　　李莉笑道："这就是问题所在了。"这时，方先生恍然大悟。

面对客户的异议，李莉并没有冲动地与对方辩论，而是在充分调查了解的基础上，用专业的眼光来分析问题，让客户自己发现问题，这样就心平气和地解决了问题。

对于任何一个销售员来说，不仅应熟悉自己的产品，更为重要的是应成为产品应用专家，尤其当所销售的产品比较复杂的时候。

如果说，一名出色的销售员95%靠的是自身的热情，剩下的5%靠的就是产品知识。因此就不难得出销售员成为产品专家的意义了。销售员必须能够回答客户提出的一些问题，做到毫不迟疑、准确无误地说出产品的特点，并能够熟练地向客户展示产品。当然，做到这几点必须要具备专业的丰富的产品知识，自己才能够信心十足，才能相信自己的产品，也才能产生足够的热情，从而成为销售专家。

现在，很多顶尖销售员最引以为傲的并不是自己的销售业绩，而是他们在其产品或服务方面储备的丰富知识。熟悉本公司产品的基本特征，使自己成为产品专家，是销售员的一项基本素质，也是成为一名优秀销售员的基本条件。销售员在进行推销之前，一定要充分了解产品的一些常见的基本特征。

1. 熟悉产品的名称。有些产品的名称本身就具有特殊的含义。由于这些名称包含了产品的基本特征，并且有可能也包含了产品的特殊性能等，所以销售员必须充分了解这些内容。

2. 清楚产品的技术含量。产品的技术含量指的是产品所具备的技术特征。一个产品的技术含量的多少，销售员应该了解清楚，从而在对客户进行推销时，扬长避短，引导客户认识产品。

3. 掌握产品的物理特征。产品的物理特征包括产品的规格、型号、原料、质地、外形、颜色、包装等。

4. 明白产品的效用。销售者应该清楚自己所推销的产品能够为客户带来什么样的利益，这也应该是重点研究的地方。

5. 注重品牌价值。随着客户的品牌意识不断提高，对于很多领域内的产品，客户比过去更加注重产品的品牌知名度。由此可见，品牌效应是很重要的。

6. 清楚产品的性价比。一些比较理智的消费者会着重考虑性价比这一因素，尤其是他们在购买一些价格相对比较高的产品时，这种考虑会更加深入。

7. 了解产品的特殊优势。产品的特殊优势指的是产品所蕴含的一些新功能，尤其指其他产品所无法提供的功能等。

8. 加强自身的服务意识。现在的客户越来越关注产品的售后服务了，事实上，产品的服务不仅指的是售后服务，还包含销售前的服务和销售中的服务等。

9. 全面掌握本公司的情况。在实际销售工作中，很多销售员可能会认为：我自己推销的是产品又不是公司，掌握那么多的事情有必要吗？因此，总是会忽略掉对公司相关情况的注意。事实上，大家应该换个角度来考虑，销售员相对于顾客来讲，他代表的就是公司，如果他不能对有关公司的问题迅速作出明确地回答，那么就可能会给客户留下"公司不大，没有什么名气"或"公司名声不好"等印象，自然就会对销售员的业绩和公司的名誉产生不小的影响，从而最终导致公司和销售员在利益上都受损的结果。

10. 深入了解顾客。这一点是非常重要的，销售员必须熟悉顾客的心理，了解顾客的购买动机、购买习惯、购买条件、购买决策等情况，并能针对不同顾客的不同心理状况，采取不同的推销策略。

错误 4 诋毁自己的竞争对手

一般情况下，在听到客户说自己的产品比同类产品贵时，销售员都会本能地为自己的产品辩护，情绪激动的销售员甚至会诋毁同类产品。他们认为这样能改变客户的看法，让客户购买，但实际上这样只会适得其反。不仅让客户对销售员的职业操守产生怀疑，而且给客户提了醒："既然你们这样大肆攻击对手，说明对手应该很强大，他们的产品肯定不错，我何不亲自去看看？"

一位采购员讲过这样一件事：

"我在市场上招标，要购入一大批包装箱。收到两项投标，一个来自曾与我做过不少生意的公司。该公司的销售员找上门来，问我还有哪家公司投标。我告诉了他，但没有泄露价格秘密。他马上说道：'噢，是啊，他们的销售员小罗确实是个好人，但他能按照您的要求发货吗？他们工厂小，我对他的发货能力说不清楚。他能满足您的要求吗？您要知道，他对他们要装运的产品也缺乏起码的了解。'

"我应该承认，这种攻击还算是相当温和的，但它毕竟还是攻击。结果怎样？我听完这些话产生了一种强烈的好奇心，想去小罗的工厂看看，并和小罗聊聊，于是前去考察。他获得了订单，合同履行得也很出色。"

这个事例告诉我们，缺乏职业道德，带着强烈偏见，攻击诋毁竞争对手，不但很难吸引客户注意你的产品，反而会使客户对销售员的态度产生厌烦情绪，甚至会转身离开。

对竞争对手的攻击往往不会达成消灭对手的目的，反而会使自己的形象大打折扣，最后受伤害的往往是自己。

和竞争对手有关的话题是每个销售员都要遇到的问题。当客户询问竞争对手时，销售员可以不回避竞争对手的信息，但不能随意贬低对手。一般来说，对竞争对手的评价要欲言又止，含而不露，如果直接评价对手会给客户一种你在诋毁竞争对手的感觉，甚至他会认为你的品质有问题，不可信。

某公司的董事长正打算购买一辆不太昂贵的汽车送给儿子做高中毕业礼物。福特牌轿车的广告曾给他留下印象，于是他到一家专门销售这种汽车的商店去看货。而这里的售货员在整个介绍过程中却总是在说他的车怎么比菲亚特和大众强。作为董事长的他似乎发现，在这位推销员的心目中，后两种汽车是最厉害的竞争对手，尽管董事长过去没有买过那两种汽车，他还是决定最好先亲自看一看再说。最后，他买了一辆菲亚特。

诋毁对手，这是销售新手常犯的错误，他们低估了客户的智商和警惕性。销售员如果主动攻击竞争对手，他将会给人留下这样一种印象：他一定是发现部分对手非常厉害，觉得难以对付。人们还会推测，他对另一个公司的敌对情绪之所以这么大，那一定是因为他在该公司吃过大亏。客户下一个结论就会是，如果这个厂家的生意在部分对手面前损失惨重，他的竞争对手的货就属上乘，应当先去那里瞧瞧。

做事先是做人，背后说人是非，暴露的是自己品德的缺失，而在攻击竞争对手的同时也会使自己失去他人的拥护。相反，如果你赞赏竞争对手，对竞争对手的优点给予肯定，这样会让客户感到你是一个公平理智的销售员，如此，客户在无形之中就向你靠近了。

贝格是美国信实保险公司杰出的推销员，他不吝啬赞美自己的同行，并不担心因此丢失了自己的生意。有一次，贝格打电话给某公司的前财务部主任钟尼斯先生。钟尼斯先生不认识贝格，也没有听说过他们公司的名字。以下是他们通话的内容。

贝格："钟尼斯先生，请问您投保哪家保险公司？"

钟尼斯先生："纽约人寿保险公司，大都会保险公司和天佑保险公司。"

贝格："您的眼光真不错。"

钟尼斯先生（似乎被取悦）："真的吗？"

贝格："他们的确是一流的保险公司。这几家保险公司的优点分别在于……大都会保险公司非常卓越，甚至有些社区里的男女老少都投保这家公司。这些优点足以证明他们的确是世界一流的公司。"

钟尼斯先生（对贝格的判断力相当佩服）："嗯，你说的没错。"

贝格（最后下个简短而有力的结论）："钟尼斯先生，费城本地就有三家一流的大公司，分别是天佑、信实、互惠公司。"

对于贝格对同行的了解和赞许，钟尼斯先生印象深刻，所以一旦贝格介绍自己所隶属的保险公司，把自家公司与他熟悉的大公司并列，他很快就接受了贝格的介绍和说明。于是钟尼斯先生不仅个人投保，几个月后，他公司另外四位主管也投保信实公司，替贝格带来一大笔生意。

本杰明·富兰克林说："不要说别人不好，而要说别人的好话。大多数情况下，不失时机地夸赞竞争对手可以令人们取得意想不到的效果。"对竞争对手的评价，往往最能折射出一个商业人士的素质和职业操守。而保持客观公正的态度评价竞争对手，不隐藏其优势也不夸大其缺点，才能让你的客户从你的评价中了解相关信息，并感受你的素质和修养。

记住：攻击竞争对手，伤的是自己。不要攻击你的竞争对手，而要说他的好话！

错误5 用客户听不懂的术语讲解产品

在介绍产品的过程中，有一些销售人员为了显示自己的专业性或学识渊博，常常使用客户听不懂的术语来讲解产品，结果客户听不懂销售员所说的话，造成了沟通障碍。

王小姐从事寿险时间不足两个月，刚一上阵，她就一股脑地向客户炫耀自己是保险业的专家，在电话里把一大堆专业术语塞向客户，让客户听了感到丈二和尚摸不着头脑。

当登门拜见客户的时候，王小姐又是接二连三地大力发挥自己的专业，什么"费率""债权""债权受益人"等等一大堆专业术语，让客户如坠入云雾中，似乎在黑暗里摸索，客户的反感心理由此产生，拒绝是顺理成章的了，王小姐便在不知不觉中，失去了一次次成交的商机。

这个事例告诉我们，如果一个销售人员在推销自己的产品时，所用的语言都是专业术语，不能让客户清楚地知道产品的特性及用途，那么就很难成功地推销自己的产品。所以在销售过程中，销售人员要尽量使用浅显易懂的词语，切忌使用过多的专业名词，让客户不能充分理解您所要表达的意思。过多的专有名词会让客户摸不着头脑，无法产生共鸣，没有心动，当然也就不会有购买行为。销售人员应该把一些术语，用简单的话语来进行转换，让人听后明明白白，才能有效达到沟通目的，产品销售也才会没有阻碍。

用客户听得懂的语言向客户介绍产品，这是最简单的常识。有一条基本原则对所有想吸引客户的人都适用，那就是如果信息的接受者不能理解该信息的内容，那么这个信息便产生不了它预期的效果。

销售人员对产品和交易条件的介绍必须简单明了，表达方式必须直截了当。表达不清楚，语言不明白，就可能会产生沟通障碍。

有一个采购员受命为办公大楼采购大批的办公用品，结果在实际工作中碰到了一种过去从未想到的情况。首先使他大开眼界的是一个营销信件分报箱的营销员。这个采购员向他介绍了他们每天可能收到的信件的大概数量，并对信箱提出一些要求，这个营销员听后脸上露出了自命不凡地神气，考虑片刻，便认定这个采购员最需要他们的CSI。

"什么是CSI？"采购员问。

"怎么？"他以凝滞的语调回答，内中还夹着几分悲叹，"这就是你们所需要的信箱。"

"它是纸板做的、金属做的，还是木头做的？"采购员问。

"噢，如果你们想用金属的，那就需要我们的FDX了，也可以为每一个FDX配上两个NCO。"

"我们有些打印件的信封会相当的长。"采购员说明。

"那样的话，你们便需要用配有两个NCO的FDX转发普通信件，而用配有RIP的PLI转发打印件。"

这时采购员稍稍按捺了一下心中的怒火："小伙子，你的话让我听起来十分荒唐。我要买的是办公用品，不是字母。如果你说的是希腊语、亚美尼亚语或英语，我们的翻译或许还能听出点门道，弄清楚你们的产品的材料、规格、使用方法、容量、颜色和价格。"

"噢，"他开口说道，"我说的都是我们的产品序号。"

最后这个采购员运用律师盘问当事人的技巧，费了九牛二虎之力才慢慢从他嘴里搞明白他的各种信箱的规格、容量、材料、颜色和价格。

销售人员常犯的错误就在于，过多地使用技术名词、专有名词向客户介绍产品,使客户如坠雾里,不知所云。试问,如果客户听不懂你所说的意思是什么,你能打动他吗?

在销售过程中,用客户听得懂的语言进行产品介绍,是销售成功的保障。不要简单地认为所有人都和自己的认识、看法、高度是一致的,对待不同的人,要采取不同的模式,要用别人听得懂的语言进行销售!

错误6 直奔主题,急于介绍产品和服务

在销售中,很多销售人员会犯这样的错误,那就是急于介绍自己的产品和服务,一见到客户就直接切入主题,这样做的结果只会激发顾客的紧张情绪和戒备心理,形成销售障碍。销售不应只是简单地向顾客介绍产品,更注意拉近双方距离,只有找到最合适的入口,顾客才无法拒绝你。既然强行从正面突破已经不可能,不妨运用迂回战术,绕开障碍,从顾客的兴趣着手,自然而然地谈到自己销售的产品,来消除顾客的戒备,让成交变得顺理成章。

某公司的汽车销售人员小马在一次大型汽车展示会上结识了一位潜在客户。通过对潜在客户言行举止的观察,小马分析这位客户对越野型汽车十分感兴趣,而且其品位极高。虽然小马将本公司的产品手册交到了客户手中,可是这位潜在客户一直没给小马任何回复,小马曾经有两次试着打电话联系,客户都说自己工作很忙,周末则要和朋友一起到郊外

的射击场射击。

通过这两次电话沟通，小马得知了这位客户酷爱射击的信息。于是，小马上网查找了大量有关射击的资料，一个星期之后，小马不仅对周边地区所有著名的射击场了解得十分深入，而且还掌握了一些射击的基本功。再一次打电话时，小马对销售汽车的事情只字不提，只是告诉客户自己"无意中发现了一家设施特别齐全、环境十分优美的射击场"。下一个周末，小马很顺利地在那家射击场见到了客户。小马对射击知识的了解让那位客户迅速对其刮目相看，他大叹自己"找到了知音"。在返回市里的路上，客户主动表示自己喜欢驾驶装饰豪华的越野型汽车，小马告诉客户："我们公司正好刚刚上市一款新型豪华型越野汽车，这是目前市场上最有个性和最能体现品位的汽车……"

一场有着良好开端的销售沟通就这样形成了。

如果销售人员表现得过于急功近利，一见面就急于向顾客发起销售进攻，反而会引起消费者的反感，这将不利于彼此之间的进一步沟通。所以，初次接触客户时，我们不要直奔主题，要先预热一下，要学会循序渐进地与客户沟通。可先与客户寒暄，不断扩大与客户的共同点，从而让客户放下戒备的心理，接受自己。

俗话说得好："话不投机半句多。"只要抓住了对方的兴趣，投其所好，不仅不会"半句多"，而且会千句万句也嫌少，越谈越投机，越谈越相好。所以说，与客户沟通的诀窍就是：迎合客户的兴趣说话。每个人都有各自不同的兴趣与爱好，一旦你能找到其兴趣所在，并以此为突破口，那你的话就不愁说不到他的心坎上。

　　亚美电器公司是生产自动化养鸡设备的,经理亨利先生发现宾夕法尼亚州的销售情况不妙。当他到达该地区时,销售员代表皱着眉头向他诉苦,咒骂当地富裕的农民:

　　"他们一毛不拔,你无法卖给他们任何东西。"

　　"是吗?"亨利先生微笑着,盯住销售员的眼睛。

　　"真的,"销售员的眼睛没有躲闪,"他们对公司意见很大,我试过多次,一点希望也没有!"

　　"也许是真的,"亨利先生说,"让我们一起去看看吧。"

　　销售员笑了。他心里想,你们这些当官的,高高在上,平常满口理论,这下可得让你尝尝厉害。他特地选了一家最难对付的农户。

　　亨利先生轻轻地敲了敲那家农舍的门。

　　门打开一条小缝,玛丽莲老太太探出头来。当他看见站在亨利先生后面的推销员时,"砰"的一声,关上了大门。

　　亨利先生继续敲门,玛丽莲老太太又打开门,满脸怒色,恶狠狠地说:"我不买你的电器,什么电器公司,一班骗子!"

　　"对不起,玛丽莲太太,打扰您了。"亨利先生笑着说,"我不是来推销电器的,我是想买一篓鸡蛋。"

　　玛丽莲老太太把门开大了一点,用怀疑的眼光上下打量着亨利先生。

　　"我知道您养了许多美尼克鸡,我想买一篓新鲜鸡蛋。"

门又打开了一点，玛丽莲老太太好奇地问："你怎么知道我的鸡是良种鸡？"

"是这样的，"亨利先生说，"我也养了一些鸡，可是，我的鸡没有您的鸡好。"

适当的称赞，抹掉了玛丽莲老太太脸上的怒色，但她还有些怀疑："那你为什么不吃自己的鸡蛋呢？"

"我养的来杭鸡下白蛋，您的美尼克鸡下棕蛋，您知道，棕蛋比白蛋营养价值高。"

到这时，玛丽莲老太太疑虑全消，放胆走出来。大门洞开时，亨利先生眼睛一扫，发现一个精致的牛栏。

"我想，"亨利先生继续说，"您养鸡赚的钱，一定比您先生养牛赚的钱要多。"

"是嘛！"玛丽莲老太太眉开眼笑地说，"明明我赚的钱比他多，我家那老顽固，就是不承认。"

深谙人际关系技巧的亨利先生一语中的。顽固的玛丽莲老太太竟骂她丈夫是"老顽固"。

这时，亨利先生成了玛丽莲老太太受欢迎的客人，她邀请亨利先生参观她的鸡舍，推销员跟着亨利先生走进了玛丽莲老太太的家。

在参观的时候，亨利先生注意到，玛丽莲老太太在鸡舍里安装了一些各式各样的小型机械，这些小型机械能省力省时。亨利先生是"诚于嘉许，宽于称道"的老手，适时地给予赞扬。

一边参观，一边谈，亨利先生"漫不经心"地介绍了几种新饲料，某个关于养鸡的新方法，又"郑重"地向玛丽莲老太太"请教"了几个问题。内行话缩短了他们之间的距离，顷刻间，玛丽莲老太太就高兴地和亨利先生交流起养鸡的经验来。

没过多久，玛丽莲老太太主动提起她的一些邻居在鸡舍里安装了自动化电器，"据说效果很好"，她诚恳地征求亨利先生"诚实"的意见，问亨利先生这样做，是否"值得"……

两个星期之后，玛丽莲老太太的那些美尼克良种鸡就在电灯的照耀下，满意地咕咕叫唤起来。亨利先生推销了电器，玛丽莲老太太得到了更多的鸡蛋，双方皆大欢喜。

在与客户初次见面时，由于陌生感，客户会本能得产生抵触情绪。如果销售员一开始就推销产品，那无异于是"自杀"行为。若要成功推销，最好的办法就是采用迂回战术，绕开障碍，找到双方都感兴趣的话题，拉近与客户的距离，使客户打开心扉。日本销售传奇人物原一平说过这么一句至理名言："当客户愿意与你沟通的时候，你就相当于成功一半了。"销售员若可以从对方感兴趣的话题入手，投其所好，则往往能"钓上大鱼"。

错误7 不会随机应变

有一个推销员当着一大群客户推销一种钢化玻璃酒杯，在他进行完商品说明之后，他就向客户作商品示范，就是把一只钢化玻璃杯扔在地上而不会破碎。可是他碰巧拿了一只质量没有过关的杯子，猛地一扔，酒杯砸碎了。

这样的事情在他整个推销酒杯的过程中还未发生过，大大出乎他的意料，他也感到十分吃惊。而客户呢，更是目瞪口呆，因为他们原先已十分相信这个推销员的推销说明，只不过想亲眼看看得到一个证明罢了，结果却出现了如此尴尬的沉默局面。

此时，推销员也不知所措，没了主意，让这种沉默继续下去，不到三秒钟，便有客户拂袖而去，交易因此遭到惨败。

显然，这个推销员缺乏应变能力，遇到意外，手足无措。如果当杯子砸碎以后，推销员没有流露出惊慌的表情，而是对客户们笑了笑，沉着而富有幽默地说："你们看，像这样的杯子我就不会卖给你们。"交易还会在沉默中惨败吗？

所以对于销售人员来说，应变能力是一种必不可少的基本素质，是确保销售获得成功的一个先决条件。在日常生活中，销售人员会接触各种各样的客户，这些客户身份复杂、脾气各异，其中不乏一些固执的、冷漠的、倔强的、蛮横的、傲慢的客户，如果没有灵活聪慧的应变能力，那么就很难适应并应对不同的客户需求。这样就会给销售工作带来很大的阻碍和损失。

在销售过程中，如果你遇到下面的情况，你怎么处理？

当你正在和一位新顾客洽谈生意，突然，一位老顾客打来了电话。他告诉你说，撤销以前答应你的购买许诺。显然，这时，你肯定有着双重的压力，既想跟老主顾挽回败局，又怕在新顾客那里泄漏推销失利的信息。面对这种局面，如果你惊慌失措，或对着电话与老主顾大叫大嚷，斥责他言而无信，那就是太愚蠢了。结果只能是留不住老顾客，又赶跑了新顾客，鸡飞蛋打。

对于一个优秀的销售人员来说，他绝对不会这样做的。他肯定会客气地对老主顾说："这没关系，不过，我现在正在与一位朋友谈要紧事，我们明天见面再详细谈谈你看怎样？"这的确是一种理智而聪明的做法，我们称之为"应付周旋法"。这种做法的高明之处在于左右逢源。一般情况下，老主顾听了这样的话后，是不会在电话中继续纠缠下去的，他会答应你的请求。这样一来，你就又有了一个跟他谈判，以期维持原有交易的机会；而另一方面，新顾客不仅会为你重视他而高兴，也会为你因他而拒绝一次约会而感到歉意，这非常有益于你与他达成交易，真是一箭双雕。而这就是随机应变的结果。

虽然随机应变没有什么固定的模式，但是它却可以在突发事件面前帮助你巧妙地化解和避开不利因素，抓住有利因素，从而帮助销售人员做到不因意外事件而影响生意，甚至能依靠突发情况扭转劣势，促成交易。

要想有效地发挥自身的应变能力，销售人员在销售过程中就不能只会死板地例行公事、墨守成规，而应该学会发现新情况、新问题，从销售过程中总结出新的经验。对于销售过程中遇到的新问题、新事物，能够认真分析、勇于开拓、大胆提出自己的设想和解决办法；在突发事件面前要保持冷静、理性处理，想方设法化解不利因素，千万不要慌了手脚、冲动行事。

　　　　李晔是一家公司的业务员。公司的产品不错，销路也不错，但产品销出去后，总是无法及时收到款。如何讨账便成了公司最大的问题。

有一位客户，买了公司10万元产品，但总是以各种理由迟迟不肯付款，公司派了几批人去讨账，都没能拿到货款。当时李晔刚到公司上班不久，就和另外一位员工一起被派去讨账。他们软磨硬磨，想尽了办法。最后，客户终于同意给钱，叫他们过两天来拿。

两天后，他们赶去，对方给了一张10万元的现金支票。

他们高高兴兴地拿着支票到银行取钱，结果却被告知，账上只有99820元。很明显，对方又耍了个花招，他们给的是一张无法兑现的支票。第二天公司就要放假了，如果不及时拿到钱，不知又要拖延多久。

遇到这种情况，一般人可能就一筹莫展了。但是他突然灵机一动，于是拿出200元钱，让同去的同事存到客户公司的账户里去。这一来，账户里就有了10万元。他立即将支票兑了现。

当他带着这10万元回到公司时，董事长对他大加赞赏。

美国著名的营销专家卡塞尔曾说过："生意场上，无论买卖大小，出卖的都是智慧。"而销售人员的应变能力就是一种智慧的表现，没有智慧，也就无法拥有这样的能力。销售人员每天都要接触很多客户，而很多客户的性格、爱好、品性又不尽相同，这样一来销售人员很有可能会在销售过程中遇到很多从未遇到过的状况或难题，因此，锻炼自己的应变能力对销售人员的重要性无与伦比。

总之,应变能力是每个销售人员都必不可少的一种本事。如果一个销售员应变能力和适应能力很强,那么他就可以冷静地、理智地分析现状,通过巧妙的方法来灵活应对,最终化险为夷,使自己摆脱销售困境。

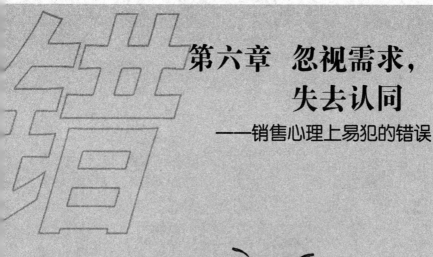

第六章 忽视需求，
失去认同

——销售心理上易犯的错误

错误1 不了解客户的需求

销售过程中，很多销售人员习惯按照自己常用的模式为客户介绍产品，有时恨不得长两张嘴巴，把自己产品所有的功能和优点一下子全部装进客户脑子里去；有时又只说那些他自己觉得很重要或自己比较关注的东西，而对客户的需求和关注点一无所知。这种情况下，如果销售人员极力推介的和客户所关注的并不一致，那么不但不能得到客户认同，反而会让其厌烦，购买兴趣自然就降低了。

陆洋是一家影印机公司的推销员，他正和一家出版机构的公司经理有一个会面机会，他决心把公司的新型影印机销售给这家出版社。新型的影印机不只能快速影印，而且分页及校对功能也很快。

在见面之前，陆洋先把销售这一款影印机的原因归纳为：有丰富的利润可图；让他在销售竞赛中获得更多的点数；在他的销售领域范围内还没有一台这样功能强大的影印机，他相信如果能卖给这家出版社一台，那将是一个创举。

当陆洋开车来到客户的停车场时，车后只有唯一的一台影印机。他认为不需要其他的型号，因为这就是他要卖给他们的型号。他已经下了决心：要让出版社购买它。

陆洋不仅把这台机器束好绳带，还准备了一个印有精美产品介绍的小册子，并精心准备好了"台词"。他想，我要

147

对此负起责任，我要这么做。

会面一开始，陆洋就说："陈先生，您好。你们要的影印机不是像其他的影印机一样只是影印，不是吗？您想要一台在影印时能同时将纸张分页及分类的影印机，不是吗？"

公司经理陈先生摇头说："不，我们这里从不需要分类。我们的附属公司有一个完备的印刷工厂，那里所有工作都可以做，包括你说的那些，而我这里所需要的只是一台有高品质影印功能，又能简易操作的影印机。"

就这样，陆洋的销售以失败告终。

仔细分析一下，你将发现陆洋做了那么多准备，唯一没有准备的就是问问客户需要什么，正是因为没有问别人的需要而导致了他的失败。

在推销产品时，你必须知道客户的实际需求，否则，任由你磨破嘴皮子、技巧手段再高明、专业知识再强，恐怕到顾客那里也是无功而返。所以推销之前，首先要发现顾客需求。

成交是发现需求、满足需求的过程。对于销售人员来讲，只有先洞察、挖掘客户的心理需求，才能根据客户的实际情况，推广销售相应的产品，从而在满足客户需求的同时实现产品的价值。

有时候，很多客户的需求和真实想法，就是在一点一滴的交流和沟通的过程中得到的，沟通和交流的时候要注意多观察和分析。

有三家水果店开在同一条街上。有一天，有位老太太来到第一家店里，问："有李子卖吗？"伙计马上招呼："老太太，买李子啊？您看我这李子又大又甜，很新鲜呢！"没想到老太太一听，竟扭头走了。

老太太接着来到第二家水果店，同样问："有李子卖吗？"店里的伙计马上应道："有，老太太，您是想买酸的还是想买甜的？"老太太说："我想买一斤酸的。"于是，老太太买了一斤酸李子就走了。

第二天，老太太来到第三家水果店，同样问："有李子卖吗？"店里的伙计马上迎上前去说："我这里的李子有酸的也有甜的，您是想买酸的还是想买甜的？"

"给我称一斤酸的。"老太太说。在称的时候，伙计与老太太聊天："一般人都爱吃甜的，可您老为什么要买酸的呢？"

"哦，最近我儿媳妇怀上孩子了，特别想吃酸的。"

"哎呀！那要特别恭喜您老人家快要抱孙子了！有您这样会照顾人的婆婆，可真是您儿媳妇天大的福气啊！"

"哪里哪里，怀孕期间当然要吃好点啊！"

"是啊，怀孕期间的营养是非常关键的，不仅要多补充些高蛋白的食物，听说多吃些富含维生素的猕猴桃，生下的宝宝会更聪明！"

"那你这里有猕猴桃卖吗？"

"有啊，您看我这进口的猕猴桃个大汁多，含维生素多，您要不先买一斤回去给您儿媳妇尝尝？"就这样老太太不仅买了一斤山楂，还买了一斤进口的猕猴桃，而且还表示要经常光顾这家水果店。

从上述案例中可以看出，第一位伙计的表现不合格，他根本不了解顾客需求什么;第二位伙计是一个合格的销售员,他懂得通过简单的提问了解并满足顾客的一般需求;第三位伙计是一个优秀的销售员,他不仅能满足顾客的一般需求,而且还挖掘了顾客的潜在需求。

研究客户需要,满足客户需要是销售活动的核心。客户自身的需求是一切购买行为的源头,无论是简单的个人消费还是复杂的商业采购,需求是一切销售成交的开端。

一切影响客户购买的因素、一切成交过程中的方法和技巧,都是由客户需求生发出来的。当需求足够强烈的时候,其他一切因素都是居于次位的。如果你想顺利成交,关键在于你是否善于发现和挖掘客户的需求,然后沿着所发现的问题进行分析,提出解决问题的方案。在这个过程中,客户的需求和问题是中心,产品只是满足客户需求、解决客户问题的一种工具而已。所以说,成交就是一个主动满足客户需求,帮客户克服困难、解决问题、排除障碍的过程。

错误 2 不会激发客户的购买欲

为什么你向客户滔滔不绝地介绍了半天产品,客户仍然无动于衷,迟迟不肯做决定?很多时候,是因为你没有激发出客户的购买欲。这也是销售人员经常犯的错误。

有购买欲望才有成交,如果在销售工作的成交阶段,我们能全力刺激客户的购买欲望,那么成交就是一件很容易的事情。研究表明,顾客购买习惯遵循8:2公式,即在人们的头脑中,感情的分量与理智的分量分别占80%和20%。很多时候，顾客的购买行为往往会由于一时的感情冲动而影响到原来的购买计划。因此，销售员在销售过程中要打动顾客的心而不是脑袋，因为心比脑袋离顾客的口袋更近。心即感情，脑袋即理智。

在一家百货公司里，经理正在询问一个售货员的工作情况。

经理问售货员："你今天有几个顾客？"

售货员回答说："一个。"

经理就有点不高兴了："只有一个？这么少！那你完成销售任务了吗？"

售货员说："完成了。"

经理很奇怪："你卖给他多少钱的货物？"

售货员扶了扶眼镜，详细解释起来。

售货员说："顾客是个中年人，很有钱的样子。刚开始，我卖给他一枚钓钩，接着卖给他钓竿和钓丝，我问他打算去哪里钓鱼，他说去南方海岸。我说坐小船在海上很危险的，小汽艇才够带劲，还安全。于是他就买了那艘六米长的小汽艇。我又说你的小轿车也许拖不动汽艇，于是我带他到汽车部，卖给他一辆大汽车。"

经理的脸上笑开了花，感慨道："那人来买一枚钓钩，你竟然能向他推销掉那么多东西？"

"不，不是的。"售货员耸了耸肩，"其实是他老婆偏头痛，他来为她买瓶阿司匹林。我听他那么说，就告诉他：'这个周末你可以自由了，为什么不出去钓鱼呢？'"

你的销售**错**在哪里？

这个案例中推销员善于从顾客的角度着想，运用恰当的语言，在融洽的气氛中诱导顾客，激发他们的购买欲。这样，你会收到意想不到的效果。

在销售中，顾客的购买结果往往存在许多不确定因素，这时销售员只有以积极的心态，不失时机地刺激消费者的购买欲望，才能将一些潜在的成交机会变为现实的成交。

如何刺激客户的购买欲望，轻松达成交易呢？ 基本原理如下：一般来说，客户的购买欲望取决于对满足需要方式的选择；客户的购买欲望多来自客户的情感而不是理智；情理并重才能强化与维持客户的购买欲望；激发购买欲望必须依据大量信息；一个理由不能激发所有客户的购买欲望。

激发客户的购买欲，不是无中生有，更不是生拉硬扯，而是一种更高层次的消费心理满足。要实现这个层次的目标，就要切实站在客户角度，想客户所想，激发客户潜在需求。

某年情人节的前几天，一位推销员去一位客户家推销化妆品，这位推销员当时并没有意识到再过两天就是情人节。男主人出来接待他，推销员劝男主人给夫人买套化妆品，他似乎对此挺感兴趣，但就是不说买，也不说不买。

推销员鼓动了好几次，那人才说："我太太不在家。"

这可是一个不太妙的信号，再说下去可能就要黄了。忽然推销员无意中看见不远处街道拐角的鲜花店，门口有一招牌上写着"送给情人的礼物——红玫瑰"。这位推销员灵机一动，说道："先生，情人节马上就要到了，不知您是否已经给您太太买了礼物。我想，如果您送一套化妆品给您太太，她一定会非常高兴。"这位先生眼睛一亮。推销员抓住时机又说："每位先生都希望自己的太太是最漂亮的，我想您也不例外。"

于是，一套很贵的化妆品就推销出去了。后来这位推销员如法炮制，成功推销出数套化妆品。

不成功的推销各有各的原因，而成功的推销只有一个原因：它找到了进入客户情感需求的捷径与切入点，有效调动了客户的情感需求。它着眼于情感、着眼于"发现和满足客户需要"，从心理需求、情感欲望上，促使客户为自己找到了最好的购买理由。客户在没有被激发出强烈的购买欲望时，不会主动采取购买的行动，而当他有这种欲望的时候，他不仅会购买，还会用逻辑分析为本次购买做出辩护。客户的购买受欲望的驱使，而非完全根据逻辑推理去判断是否应该购买。成功推销的作用在于成功与客户情感对话，将客户的"我需要"变为"我想要"。对的情感切入点与燃点，将会大大缩短推销面谈所花费的时间、精力，降低面谈难度，提高成交率。

错误3　忽略倾听的效应，大唱"独角戏"

在销售过程中，销售员如果只顾自己一个劲地说产品如何如何好，而不学会倾听的话，他是无法了解客户的。无法了解客户，则销售的效率就低，甚至令人讨厌。

美国汽车推销之王乔·吉拉德曾有一次深刻的体验。一次,某位名人来向他买车,他推荐了一种最好的车型给他。那人对车很满意,并掏出10000美元现钞,眼看就要成交了,对方却突然变卦而去。

乔·吉拉德为此事懊恼了一下午,百思不得其解。到了晚上11点他忍不住打电话给那人:"您好!我是乔·吉拉德,今天下午我曾经向您介绍一部新车,眼看您就要买下,却突然走了?"

"喂,你知道现在是什么时候吗?"

"非常抱歉,我知道现在已经是晚上11点钟了,但是我检讨了一下午,实在想不出自己错在哪里了,因此特地打电话向您讨教。"

"真的吗?"

"肺腑之言。"

"很好!你用心在听我说话吗?"

"非常用心。"

"可是今天下午你根本没有用心听我说话。就在签字之前,我提到我的吉米即将进入密执安大学念医科,我还提到他的学科成绩、运动能力以及他将来的抱负,我以他为荣,但是你毫无反应。"

乔·吉拉德不记得对方曾说过这些事,因为他当时根本没有注意。乔·吉拉德认为已经谈妥那笔生意了,他不但无心听对方说什么,反而在听办公室内另一位推销员讲笑话。这件事让他领悟到"听"的重要性,让他认识到如果不能自始至终倾听对方讲话的内容,认同客户的心理感受,难免会失去自己的客户。

成功推销的一个秘诀就是80%使用耳朵，20%使用嘴巴。倾听使你了解对方对产品的反映以及购买产品的各种顾虑、障碍等。只有当你真实地了解了他人，你的销售沟通才能有效率。

许多人认为，销售人员的功夫主要靠"铁齿铜牙两片嘴"，卖弄是的嘴皮子。其实，在现实销售工作中，那些讲话滔滔不绝、才华横溢、聪明绝顶的销售人员却没有成为销售冠军，而是那些善于倾听、大智若愚的销售人员夺取了桂冠。倾听是了解客户需求的第一步。销售不是要"喋喋不休"或"高谈阔论"，而是要拿出更多的精力来听。你要善于听取客户的要求、需要、渴望和理想，善于听取和搜集有助于成交的相关信息。作为销售人员，你要知道，有时候听比说更重要。

张楚明是个能说会道的人，他对自己一向很有自信，但是自从从事销售工作以后，反而变得不自信起来，因为无论他说得多么动听和感人，客户不但不为之所动，还断然拒绝了他的推销。为什么客户不购买他的商品呢？他自己百思不得其解，他觉得自己的商品质量很好，价格也很合理，自己又尽量把这些信息都传达给客户，没有什么不合理的地方，客户却选择拒绝，真是莫名其妙。

相比之下，其他同事的业绩却比自己好很多，于是张楚明便虚心地向同事请教，询问如何才能让客户接受自己的产品。同事问张楚明是如何进行推销的，张楚明把自己的销售方式叙述了一遍，同事说："这样的推销方式就是你失败的原因！"张楚明很纳闷："为什么啊？"

同事说："客户最重视的是自己，他们希望买到的是自己最喜欢的、最需要的商品，这样客户才会产生购买的欲望。所以你所提供的商品要围绕客户，要成为他们自己想要购买的，而不是你想卖给他们的。而你在推销商品的时候，只是一味地介绍产品的质量有多好，有多畅销，你注重的只是自己的商品，没有考虑到客户的感觉，所以客户才会拒绝你的推销。"

张楚明点点头，知道了自己应该怎么做。在之后的销售中，张楚明再也不以自己为中心，而是尽量倾听客户的要求和需要，以及客户最需要的款式和档次，并仔细地为客户分析该产品能够带来的利益，以及什么样的选择最合算。结果很快就赢得了很多客户的青睐，销售业绩也有了突飞猛进的提高。

最优秀的销售员，不一定是最能说的人。老天给我们两只耳朵一个嘴巴，本来就是让我们多听少说的。善于倾听，才是一名优秀销售人员最基本的素质。

大多数的人都喜欢"说"而不喜欢"听"，特别是没有经验的销售人员，认为只有"说"才能够说服客户购买，但是客户的需求、客户的期望都是由"听"而获得的。你如果不了解客户的期望，又如何能达成自己取得订单的期望呢?

销售员在运用倾听技巧时，要注意以下几点:

1. 倾听的专注性:销售中，我们排除干扰，集中精力，以开放式的态度，及认真思考、积极投入的方式倾听客户的陈述。

2. "听话听声，锣鼓听音":认真分析客户话语中所暗示的用意与观点，整理出关键点，听出客户感情色彩，以及他要从什么方面来给你施加混乱。

3. 注意隐蔽性话语:我们要特别注意客户的晦涩语言。模棱两可的语言，要记录下来，认真质询对方，观察伴随动作，也许是他故意用难懂的语言，转移你的视线与思路。

4. 同步性：当倾听时，我们要以适宜的身体语言回应，适当提问，适时保持沉默，使谈话进行下去。

在与客户沟通的过程中，最有效、最重要的沟通原则与技巧是成为一位好听众。如果你能专注倾听客户说话，自然可以使客户在心理上得到极大满足，有利于促成销售成功。

错误4 不会向客户主动提问

我们先来看一个案例：

导购：老板，我们这个沙发是欧式风格，有多个专利技术，我们包送货安装……

顾客：对不起，我想看的是茶几电视柜，谢谢你的介绍。

导购：……

为什么会出现这样尴尬的情况？原因就是这个导购不会向客户主动提问，导致对顾客的需求把控力不足，从而错失了成交的机会。

销售是一门说服的艺术，但如果只有说，而没有问，销售工作就会走入一条死胡同。所以，在适当的时间提出适当的问题，是一个优秀的销售员做出的聪明选择。

你的销售**错**在哪里?

提问是与客户沟通的最好的方法，销售员通过提问可以了解客户需要什么，不需要什么，对产品的哪些方面比较感兴趣等。很多专业的销售员都会把提问作为最重要的销售手段，因为掌握客户的需求越多，向客户成功销售的可能性就会越大。一个销售员业绩的好坏，与其提问的能力是有密切关系的。

我们来看一下这位家具销售员与顾客琳达之间的对话，你可以从中得到启发。

销售员：我们先谈谈你的生意，好吗？你那天在电话里跟我说，你想买坚固且价钱合理的家具，不过，我不清楚你想要的是哪些款式，你的销售对象是哪些人？能否多谈谈你的构想？

琳达：你大概知道，这附近的年轻人不少，他们喜欢往组合式家具连锁店跑。不过，在111号公路附近也住了许多退休老人，我妈妈就住在那里。一年前她想买家具，可是组合式家具对她而言太花哨了，她虽有固定的收入，但也买不起那种高级家具。以她的预算想买款式好的家具，还真是困难！她告诉我，许多朋友都有同样的困扰，这其实一点也不奇怪。我做了一些调查，发现妈妈的话很对，所以我决心开店，顾客就锁定这群人。

销售员：我明白了，你认为家具结实，是高龄客户最重要的考虑因素，是吧？

琳达：对，你我也许会买一张300元沙发，一两年之后再换新款式。但我的客户生长的年代与我们有别，他们希望用品长久如新，像我的祖母吧，她把家具盖上塑胶布，一用就是30年。我明白这种价廉物美的需求有点强人所难，但是我想，一定有厂商生产这类的家具。

销售员：那当然。我想再问你一个问题，你所谓的价钱不高是多少？你认为顾客愿意花多少钱买一张沙发？

琳达：我可能没把话说清楚。我不打算进便宜货，不过我也不会采购一堆路易十四时期的鸳鸯椅。我认为顾客只要确定东西能够长期使用，他们能接受的价位应该在450元到600元左右。

销售员：太好了，我们一定帮得上忙，我花几分钟跟你谈两件事：第一，我们的家具有高雅系列，不论外形与品质，一定能符合你客户的需要，至于你提到的价钱，也绝对没问题；第二，我倒想多谈谈我们的永久防污处理，此方法能让沙发不沾尘垢，你看如何？

琳达：没问题。

只有通过提问发现客户需求，才能迎合他们的心理，从而赢得订单。这位销售员与客户琳达交谈的过程中，通过针对性地提问了解到客户的需求，并清楚、准确地向顾客介绍了自己的产品，让顾客确切地了解自己推销的产品如何满足他们的各种需要。因此，销售员详细地向顾客提问，尽可能找出自己需要的、产品完全符合顾客的各种信息，这是必不可少的。

中国有句古话："善问者能过高山，不善问者迷于平原。"如果想使交谈愉快地进行，主动提问是关键。主动提问不仅能获得自己想得到的信息，而且还能令对方心情舒畅，而不当的提问，常使交谈失败。所以，销售高手会通过一系列精心设计的问题来引导客户的思路，从而达到销售的目的。

你的销售*错*在哪里?

销售员：您好，赵经理，我是一家企业管理咨询公司的小王，想请教您几个问题。

赵经理：什么问题？

销售员：是这样的，赵经理，经常有许多公司给我们打来电话，向我们公司咨询关于库存管理、产品分类管理以及账务管理方面的问题，还请求我们给他们提供这方面人才。赵经理，不知您在这方面有什么更好的观点与意见？

赵经理：这个很简单，我们有专人负责仓库管理这块，产品分片分区管理、财务也有专人负责。只是，我也有些困惑，就是他们办事效率很低，我需要个什么报表，往往不能够及时统计出来，造成信息不顺畅。更麻烦的是，一旦人员流动或者调整的时候，往往一段时间内也是经常出现纰漏。不知道你们有什么好的解决办法没有？

销售员：赵经理，我请问下，您目前使用是什么管理软件？

赵经理：管理软件？管理软件目前好像用不到吧？我们一直采用的人工做账。

销售员：是的，向我们打来咨询电话的那些公司，也是喜欢采用人工做账，只是没有您分配得那么细致，有条理性。不过，他们现在这些问题都解决了，而且效率也提高了很多。

赵经理：是吗？怎么解决的？

销售员：他们使用一种叫做×××的财务管理软件，不仅节省了人力，而且每天都能够了解产品进、销、存，畅销产品和滞销产品比例，进出账情况，欠账、拖款情况等。

赵经理：是吗？有这样的软件？哪里能买到？

销售员：这样吧，赵经理，我正好带着一套软件，顺便给您的员工说说如何使用这个软件，怎么样？

赵经理：好啊，非常感谢。

从这个案例可以看出，销售员通过不断提问去帮助客户发现自己内心的需求，销售就会变得易如反掌。

事实证明，你问得越多，客户答得越多；答得越多，暴露的情况就越多，这样，你就一步一步化被动为主动，成功的可能性就越来越大。通过主动提问，销售人员就能使客户说出他们对购买产品或服务犹豫不决的真正原因是什么以及他们最大的顾忌又是什么。一旦客户向销售人员敞开心扉，说出自己的顾忌，销售人员也就真正了解了客户拒绝购买的原因，也就知道该如何妥善解决这些问题。

错误5 不会利用客户的好奇心

在销售过程中，如果你不能在最短的时间里，用最有效的方法来吸引客户的注意力，那么你对客户说什么都是无效的。所以，与其滔滔不绝地讲你的产品，表明你的产品具有怎样的价格优势，都不如你想想要怎样才能转移客户的注意力。唯有当客户将所有注意力放在你身上的时候，你才能够真正有效地开始你的销售过程。

心理学家认为，人的本性是不满足，好奇心就是人们希望自己能知道或了解更多事物的不满足心态。在销售实践中，销售人员可以通过激发客户的好奇心来吸引客户的注意力。这样做的一般步骤是:首先唤起客户的好奇心,引起客户的注意和兴趣,其次再寻找机会道明你的真实意图,并迅速转入面谈阶段。

　　原一平拜访了一位完全有能力投保的客户,那位客户虽然表明自己很关心家人的幸福,但当原一平劝说他投保时,他却提出不少异议,并进行了一些琐碎且毫无意义的反驳。

　　原一平凝视着那位客户说:"先生,您已经对我说了自己的要求,而且您也有足够的力量支付有关的保险费,您也爱您的家人。不过,我好像是对您提出了一个不合适的保险方式。也许'29天保险合同'更适合您。"

　　原一平稍作停顿,又说道:"关于'29天保险合同'的问题,有几点需要说明一下。第一,这个合同的金额和您所提出的金额是相同的;第二,满期返还金也是完全同额的;第三,'29天保险合同'兼备两个特约条件,那就是设想您万一失去支付能力而无力交纳保险费,或者因为事故而造成死亡时,约定'免交保险费'和'发生灾害时增额保障'的条件。这种'29天保险合同'的保险费,只不过是正常规模保险合同保险费的50%。单从这方面来说,它似乎更符合您的要求。"

　　那位客户吃惊地瞪大了眼睛,脸上放出异彩:"那么,如果根据我的钱包来考虑,比以前所说的就更合适了。可是,所谓'29天保险合同'到底是什么意思呢?"

　　"先生,'29天保险合同'就是您每月享受保险的日子是29天。比如这个月是4月份,有30天,你可以得到29天的保险，只有一天除外。这一天可以任由您选择，您大概会选星期六或星期天吧？"

原一平停了片刻，然后再接着往下说："这可不太好，恐怕您这两天想要待在家里，但按统计来说，家里是最容易发生危险的地方。"

原一平看着那位客户，过了一会儿，他又开口了："这种'29天保险合同'意味着您每月有一天或两天没有保险，我担心您会想：'如果我在这一两天死去或被人杀害将会怎么办？'"

"先生，请您放心。保险行业虽然有各种各样的保险方式，但目前我们公司并未认可这种'29天保险合同'。我只不过冒昧地说说而已。如果是您的话，也一定会想，无论如何也不能让您的家庭处于无依无靠的不安状态。

"我确信，像您这样的人从一开始就知道有一种保险方式，它规定，客户在一周七天内七天不缺，在一天24小时内一小时也不落下。不管在什么地方，也不管您在干什么，它都能对您进行保障。您的家人受到这样的保障，难道不正是您所希望的吗？"

这位客户完完全全地被说服了，心服口服地投了费用最高的那种保险。

从这个例子可以看出，如果你能激起客户的好奇心，你就有机会发现客户的需求，为客户提供解决方案，进而拿到客户的订单。

好奇心是人类一种非常普遍的心理，当你能够准确地把握并利用这一心理的时候，就能够轻而易举地征服客户并留住客户。

你的销售*错*在哪里?

推销员如果能够巧妙地利用客户的好奇心去推销,将会大大提高推销的成功率。

出奇才能制胜。一位销售高手曾经说过:"每个人都有好奇心,尤其是对自己不了解的、知道的、不熟悉的事物会特别关注。制造悬念就是为了引起客户的好奇,让客户注意你的解说,达到吸引客户的目的。"在销售中,巧妙地利用客户的好奇心,引起其注意,转而道出产品的各种好处,能促使客户做出购买决策。

小李是一位销售电饭锅的销售员。一次,他去拜访顾客,打过招呼后,小李说:"您想不加水也能煮出一锅美味的靓汤吗?"

小李的开场白很巧妙,他提出一个很有趣的问题——不加水也能煮汤,自然吸引了顾客的兴趣,因为他打破了"无水不成汤"的铁律,这位顾客马上想要见识一下这种神奇的电饭锅。因此,开场白一定要说到顾客的心里去,巧妙地引起顾客的注意力,让顾客对自己销售的产品产生好奇心。

这位顾客笑了起来:"这怎么可能呢?不加水就能煮一锅汤不是天大的笑话吗?"

"怎么没有,您看。"小李说着就从包里拿出他带来的电饭锅,"用这个电饭锅就能实现这个梦想。怎么,您不信?没关系,眼见为实,试过您就相信了。"说完,小李就开始行动起来,把原料放进锅里,插上电源,按了一下开关。"您肯定会问为什么不加水也能煮汤,其实就是因为我们的锅在烹饪时不冒气,所以水分就不会散失,食物在高温作用下细胞中的水分被释放出来，就可以形成一锅美味的汤汁。"要想让你的顾客相信你所说的话，就要让他们看到真正的实例，顾客就不会辩驳，这也会使你言之凿凿，有理有据。小李为了让顾客相信这个电饭锅的作用，当场为他煮了一锅汤，让他被热乎乎的美味征服。

没过多久，汤就做好了，顾客一品尝，汤汁鲜美，还有一股浓浓的肉味，真是不错。小李趁机解释说："我们这种电饭锅不仅不用水还不用煤气，而且有一个独特之处就是它在烹饪时始终不沸腾，因为应用了我们独有的'温压精确控制'技术，烹饪时不溢锅、不冒气、无污染，使用起来更安静。"

小李的成功虽然有各个方面的原因，但最关键的是他一开始就牢牢地吸引住了顾客的注意力，让其一直被自己所左右。顾客的每一步反应都是基于对不用加水就能煮汤的好奇中。从这个例子可以看出，只要你可以吸引客户的注意力，引起客户的兴趣，那么客户便乐于与我们继续交谈下去。

每个人都有好奇的天性，一旦有了某个疑问，就必须得探明究竟不可。在销售活动中，利用人们的好奇心理，采取以"奇"标新的独特方式，引发人们的好奇感，是赢得顾客的一种招数，也是拉近与客户之间心理距离的有效策略。所以，销售人员要多开动脑筋，利用人的好奇心理，了解怎样才能吸引消费者的注意，并刺激他们购买商品。

当然，要想运用客户的好奇心拉近彼此之间的心理距离，并促成销售，前提条件一定是产品质量过硬。否则，即便有奇特、新颖的招数，也难以让劣质产品受到大家的欢迎。

你的销售**错**在哪里?

　　总而言之，成功吸引客户的关键在于激发他们的好奇心。如果销售员能合理地利用客户的好奇心，那么你的推销之路将会走得更顺畅、成功。

第七章 方法不对，难以成交

难以成交

——成交方法上易犯的错误

错误1 不会用试用成交法

一个化妆品推销员向客户滔滔不绝地讲述某品牌化妆品的优点和特性，可客户听完后仍然无法完全相信产品的优点，迟迟不肯作出决定购买。这个推销员垂头丧气，很是无奈。

显然，这个推销员在销售中犯了一个明显的错误——没有采用试用或体验的方式向客户推销。如果推销员可以先将样品留给潜在顾客，让他试用一段时间，等他使用过之后，在规定的期限内作出决定，那么将大大提高成交的可能性。

很多时候，当顾客准备要购买产品时，会对产品没有信心，因此销售员可以先让顾客买一点，先试试看，虽然在刚开始的时候，订单较少，但是当顾客使用过后，觉得很满意，他会订购更多的产品。有一名推销机床的推销员来到一家工厂，他所推销的机器要比这家工厂正在使用的所有机器速度都快，而且用途多、坚韧度高，只是价格高出该厂现有机器的10倍以上。虽然该厂需要这台机器，也能买得起，可是因价格问题，厂长不准备购买。

推销员说："告诉你，除非这台机器正好适合你的车间，否则我不会卖给你。假如你能挤出一块地方，让我把机器装上，你可在这里试用一段时间，不花你一分钱，你看如何？”

　　厂长问：“我可以用多久？”他已想到可把这台机器用于一些特殊的零部件加工生产中。如果机器真像推销员说的那样能干许多活的话，他就能节省大笔劳工费用。

　　推销员说：“要真正了解这种机器能干些什么，至少需要三个月的时间，让你使用一个月，你看如何？”

　　机器一到，厂长就将其开动起来。只用了四天时间，就把他准备好的活完成了。机器被闲置在一边，他注视着它，认为没有它也能对付过去，毕竟这台机器太贵了。正在此时，推销员打来电话：“机器运行得好吗？”厂长说：“很好。”推销员又问：“你还有什么问题吗？是否需要进一步说明如何使用？”厂长回答：“没什么问题。”他本来在想要怎样才能应付这位推销员，但对方却没提成交之事，只是询问机器的运行情况，他很高兴，就挂了电话。在第二个星期里，他注意到新机器一直在运转。正像推销员所说的那样，新机器速度快、用途多、坚韧度高。当他跟车间的工人谈到新机器不久就要运回去的时候，车间主任列出了许多理由，说明他们必须拥有这台机器，别的工人也纷纷过来帮腔。“好吧，我会考虑的。”厂长回答说。

　　一个月后，当推销员再次来到工厂时，厂长已经填好了一份购买这台新机器的订单。

　　“耳听为虚，眼见为实”，而亲自操作试用则更具有说服力。与其费尽口舌，不如让事实说话，先让客户试用产品。当他们真正尝到产品的甜头甚至离不开产品时，不用你多费口舌，他们都会主动购买。

试用成交法可以给顾客留下一个非常直观的印象。对于一些高技术含量的产品，试用成交法用得非常多。

有一位陈先生，曾在一家汽车修理厂工作，同时也是一位极活跃的推销员，不管新车或旧车，总是自己开着去拜访想买车的顾客。

"这部车子，我正要将它送到买主那里，张先生，您也顺便看一看如何？我想把有缺点的地方修理好了再送去，只要张先生您这样有经验的人说一声'好'，我就可以更放心了。"

他一边说着就一边和张先生一起驾驶这辆车子。开了一两公里路，他征求顾客的意见："张先生，怎么样？您有没有什么指教？"

"有的！我觉得方向盘好像松了一点。"

"好！您真是高明！我也注意到这个部分有问题，还有没有其他意见？"

"引擎很不错，离合器也很好。"

"好！好！您的确是很有经验，佩服！佩服！"

"陈先生，这辆车子要卖多少，我不是想买，问问价钱，我只是打听打听行情。"

"这样的车子，您一定晓得值多少，您出多少钱？"

假定这时生意还是没谈成的话，可以一边试车一边再商量，最后必可做成这笔生意，尤其是推销旧车子，有100%的成功几率。

这些销售方法，并不限于推销汽车，要销售别的商品也是同样的道理。比如你是经营原料生产企业的，可以提供一部分试用原料，请顾客亲身体验一番；推销食品者，可以让顾客人先品尝一下；推销药品的，不妨把试验统计结果告诉顾客；这些都不失为推销商品的好办法。

事实证明，针对那些对于产品存在疑虑、暂时对产品没有兴趣和需求的客户，不妨施行先试后销的方法，让他们在试用的过程中了解到产品的特性。这样一来，他们很可能会因此对产品产生兴趣，进而签下订单。

错误2　不懂物以稀为贵，随便特价处理

当商品库存不多或商品销售不好时，销售人员往往会犯这样的错误——搞一些特价处理活动。虽然这类特价活动可能在一定程度上帮商家收回成本，但利润却微乎其微，甚至还会让顾客认为特价商品往往是一些质量较差的商品。那么如何才能反败为胜，实现销售逆袭呢？我们先看看这样一个事例。

有一家仿古瓷厂生产的瓷瓶在一家商店销售，定价500

元一个，在商店摆了不少，一个也卖不出去。

后来有人给商店出主意，说这种商品主要不应卖给中国人，而应当卖给外国人

于是商家把瓶子全部收起来，店里只放一个，价格则从500元涨到5000元。不久一个外国人看了就想买，可是想要一对。

经理说："本店只有一个，不过明天我一定想法再帮你找一个来，今天你先把这个拉走。"

外国人一再嘱咐一定要再找一个来。

第二天，这位外国人来到店里，看到给他准备好了另一个。由于以为是费了一番周折才买到的，外国人非常高兴。

为什么出现这样的结果？用一句简单的话来说就是"物以稀为贵"。从心理学的角度看，这反映了人们深层的一种匮乏心理，即：因为稀缺，所以担心错失机会。从情感角度来看，稀缺还可以带来心理满足，带来荣耀，带来口碑传播。从经济学的角度来看，当一种商品的供给量不能满足实际需求量时，这种商品就会脱离其内在价值而出现价格升高的现象。所以在消费上就形成了越稀缺的商品，价格越高的现象。在消费心理学的研究中，研究人员把人们由于商品稀缺而引起的购买行为增多的变化现象，称之为"稀缺效应"。

通常来说，人们对于不能够得到的东西往往是更珍惜，更想要得到，而对于那些需要竞争才能得到的东西更是希望能够尽早拥有。这也是稀缺效应能够发挥作用的原因所在。如果我们在销

售中能灵活运用稀缺效应,那么我们就会获得更多。

　　某售楼中心的推销员小邓负责推销A、B两套房子。一天有个客户前来咨询,并要求看看房子。而这时小邓想要售出的是A套,在带客户去看房子的同时,他边走边向客户解释说:"房子您可以先看看,但是A套房子在前两天已经有位先生看过并预定了,所以如果您要选择的话,可能就剩下B套了。"

　　这样说过之后,这位客户的心理会产生这样一种效应,那就是"既然已经有人预订A套房子,就说明A、B两套房子相比,A套比较好一些"。有了这样的心理,在看过房子以后,客户更加觉得A套房子好,但是既然已经有人预订了,只能怪自己来得太晚了,于是客户带着几分遗憾离开了。

　　过了两天,推销员小邓主动地打电话给前两天来看房子的客户,并兴高采烈地告诉他一个好消息:"您现在可以买到A套房子了,您真是很幸运,因为之前预定A套房子的客户因为资金问题取消了预订,而当时我发现您对这套房子也比较喜欢,于是就先给您留下了,您看您还需要购买吗?"

　　客户听到这样的消息,十分高兴,有一种失而复得的感觉,既然机会来了,一定要把握住,于是他迅速地与推销员小邓签了这份单子。

　　就这样,小邓顺利地按照自己的预想把A套房子卖了出去。

在这个事例中小邓之所以能够成功，就是因为他善于利用客户害怕买不到的心理，巧妙地把客户的注意力吸引到A套房子上来，并且让他产生购买不到的遗憾，激发其强烈的购买欲望，最后又使客户"绝处逢生"，天上掉下好机会，从而既欢喜又迅速地买下了A套房子。

物以稀为贵，东西少了自然就变得很珍贵。在消费过程中，客户往往会因为商品的购买机会变少、数量变少，而争先恐后地去购买，害怕以后再买不到。销售员如果能好好把握客户的这种心理，适当地加以刺激，便可以使得客户认为如果这次不买，就"错过这村，没这店了"，使你顺利地让自己的商品获得畅销。

此外，在与客户交谈过程中，销售人员还可以适当夸大市场信息或者与自己销售的商品有关的行情，一定要让客户知道，这种商品比较畅销，或者比较紧缺，让客户觉得现在就是购买的最好时机。比如，销售员可以说："今年下半年市场的货可能就会比较紧缺了，因为我们公司现在人手不够，计划减少产品供应量。"或者"现在原料价格都涨了，可能过不了多长时间，我们商品的价格也相应提升，建议您及早购买，别错失了良机啊。"客户听了这些话，他的"物以稀为贵"和"害怕买不到"的心理又会被刺激，下一步，他便会下定决心：现在就买！

总之，在销售过程中，销售人员利用稀缺效应，适当地制造一些让客户"买不到"的氛围，给客户制造一些"购买产品的最后机会"，往往更有利于争取到订单。

错误3 不会运用第三方的影响力

在销售中，很多销售员面对客户对产品质量质疑的时候，只靠口才去解决，往往效果不是很理想。那么，遇到这种情况销售员可以利用与客户都认识或者都知道的"第三方"，来解决这个问题。

大多数人都认为销售成功的重要因素就是销售员要有好口才。当然，事实的确如此。但是如果仅仅凭借销售员的好口才，想要轻松实现销售恐怕是很难的。有时，即便是口才再好的销售员，在某种特殊情况下也无法单枪匹马地实现成交。面对这种棘手的情况，那些顶尖销售员往往能够充分利用身边的"帮手"，来实现自己销售的成功。

销售员：是刘总啊，您好，您好！

客户：小汪啊，我上回看中的那辆尼桑，还没有谁支付订金吧？

销售员：哦，那辆车，客户来了都要看上几眼，好车嘛。但一般人哪买得起，这不，它还等着刘总您呢。

客户：我确实中意这辆车，你看价格上能否再优惠些，或者我是否有必要换一辆价位低一点的？（小汪知道，换车，只是刘总讨价还价的潜台词。）

销售员：价格是高了一点，但物有所值，它确实不同一般，刘总您可是做大生意的人，配得上！开上它，多做成两笔生意，不就成了嘛。

客户：你们做销售的呀，嘴上都跟抹了蜜似的。

销售员：刘总，您可是把我们夸得太离谱了呀。哦，对了，刘总，××贸易公司的林总裁您认识吗？半年前他也在这儿买了一辆跟您一模一样的车，真是英雄所见略同呀。

客户：哦，林总，我们谁人不知啊，只是我这样的小辈还无缘和他打上交道。他买的真是这种车？

销售员：是真的。林总挑的是黑色的，刘总您看要哪种颜色的？

客户：就上回那辆红色的吧，看上去很有活力，我下午去提车。

这个案例中的汽车推销员小汪，就是利用了"第三方"林总裁的影响力促成了交易。由此可以看出，利用好销售中的第三方帮助销售员成交非常重要。特别是在顾客犹豫不决的时候，借用第三方的说服效应马上发挥作用了。

在实际销售过程中，销售员只有赢得客户的信任后，才有可能促使他购买。然而，对于这种信任，销售员可以借助第三方的证明来让客户获得。当销售员使用"第三方证明"策略时，准客户通常会无意识地(有时是有意识地)将自己同第三方进行比较，并且会认为第三方的成功可以在自己的身上被复制。此时，准客户会自我说服，而你无需使用任何其他促成交易的方法。比如

你的销售**错**在哪里？

说，有一对闺蜜逛商场，其中一个相中了一件裙子，她去试了之后，觉得还不错，但是拿不定主意，于是就去问她的同伴。结果她的同伴告诉她，穿起来看着不是很好，于是她就放弃购买了。这就是第三方在销售过程中起到的作用。实际上，那些各类品牌，寻找产品代言人，也是一种"第三方"的运用，只不过这个第三方没有出现在购买现场罢了。

　　韩宁是某机电工厂的销售人员。一次，在与一个客户进行商谈的时候，他发现对方是一个心思极为缜密的人，因此他在向客户介绍商品的时候讲解得特别详细，在回答客户的咨询时也回答得比较有条理，同时还把客户的意见用小本子记录下来。

　　韩宁又给客户提供了一份商品的市场调查报告，便于他进一步了解自己商品的真实销售情况。对于这一点，韩宁很是自信，因为本公司的商品销量确实很好，在市场上也有一定的名气，对客户也很有说服力。

　　但在交谈过程中，韩宁发现客户对商品质量还是有很大的疑虑。一连几次的回应都是：我们考虑一下、还要向领导请示一下等。

　　这下可把韩宁难住了，到底是哪里出了问题呢？无奈之下只好向经理作了汇报，并寻求帮助。

　　具有丰富实战经验的经理只回答了一句话：两天后，会有一份资料传真给你，你拿给客户。

　　韩宁收到文件后，按照经理的指示直接送到客户的桌上，客户高层研究后态度大变，爽快签约。

原来，那份资料是韩宁公司与客户所在行业中某家龙头企业的合作报告，并附带了该行业内权威专家的评价。客户看到这些极具权威效应的资料，才终于消除了疑虑，很放心地做出了购买的决定。毕竟有那么多权威的推荐和认可，自己也没有什么不放心的了。

上述例子中，韩宁所在的公司就是巧妙利用第三方——合作公司的影响力，来赢得客户的认可的。在销售过程中，运用第三方作为例证，可以使顾客获得间接的使用经验，从而引起相应的心理效应，快速认可产品及其性能，刺激购买欲望。

借用第三方的力量给自己作证明是一种非常有效地销售方法。第三方证明可以采取多种形式，但主要有以下几种。

1. 名人或知名公司。销售人员可以将名人作为销售过程中的第三方，以名人的购买行为作为证据，可以使顾客在心理上更加信赖商品的质量和品位。要做到这一点，平时需要注意搜集名人购买和使用商品的信息，在激发顾客的购买欲望时，销售人员可以提供相应的资料和众所周知的事实，从而说服消费者进行消费。另外，知名公司的影响力可以说是非常巨大的，他们的一举一动往往就能掀起轩然大波。如果知名公司曾经从你们公司购进过产品，使用效果也比较显著，甚至你们已经成为长期合作伙伴，那么销售员就完全可以利用知名公司的名望，为自己做免费宣传，同时体现自己所在企业的权威性。

2. 专家或权威论据。专家在专业领域具有较强的权威性，因此以专家作为第三方可以使顾客增加对商品质量的信任度。若要采用专家作为第三方影响力,就必须出具有关的专家言论证据(例如报纸)、证书或有关实验数据。有时候,销售员光靠说是不行的。对于某些产品资料,销售员拿不出来,即使你说得天花乱坠,但是客户看不到,相信他们还是不愿意相信的,认为你只是在吹嘘而已。这样就会给客户留下不实的印象,对产品乃至公司的影响是有百害而无一利的。

3. 客户所熟悉的人。众所周知,往往客户熟悉的人对于实现成交是极具说服力的。向客户提一下他所熟悉的人,不仅可以拉近与客户之间的距离,而且还能让自己有个靠山,助销售以一臂之力。

总而言之,由于每位准客户内心都有很强的模仿冲动,因此你所要做的工作就是用第三方证明策略来启动这一冲动,并将其朝顺利完成交易的方向进行引导。

错误 4 不会捕捉成交信号,错失良机

很多销售人员之所以得不到订单,并非是因为他们不够努力,而是因为他们不懂捕捉客户成交的具体信号。他们对自己的介绍缺乏信心,总希望能给对方留下一个更完美的印象,结果反而失去了成交的大好时机。

　　小王是某配件生产公司的销售员，他非常勤奋，沟通能力也相当不错。前不久，公司研发出了一种新型的配件，较之过去的配件有很多性能上的优势，价格也不算高。小王立刻联系了他的几个老客户，这些老客户们都对该配件产生了浓厚的兴趣。

　　此时，有一家企业正好需要购进一批这种配件，采购部主任非常热情地接待了小王，并且反复向小王咨询有关情况。小王详细、耐心地向他解答，对方频频点头。双方聊了两个多小时，十分愉快，但是小王并没有向对方索要订单。他想，对方还没有对自己的产品了解透彻，应该多接触几次再下单。

　　几天之后，他再次和对方联系，同时向对方介绍了一些上次所遗漏的优点，对方非常高兴，就价格问题和他仔细商谈了一番，并表示一定会购进。这之后，对方多次与小王联络，显得非常有诚意。

　　为了进一步巩固客户的好感，小王一次又一次地与对方接触，并逐步和对方的主要负责人建立起了良好的关系。他想："这笔单子已经是十拿九稳的了。"

　　然而，一个星期后，对方的热情却慢慢地降低了，再后来，对方还发现了他们产品中的几个小问题。这样拖了近一个月后，这笔马上就要到手的单子就这样黄了。

　　小王的失败，显然不是因为缺乏毅力或沟通不当，也不是因为该产品缺乏竞争力，而是因为他没有把握好成交的时机。

你的销售*错*在哪里?

许多销售沟通最终失败的结果不是因为你没有效地说服客户，很多时候，客户已经做好了购买的决定，而你却没有及时发现对方发出的这些购买信号，结果大好的成交机会就这样被你轻易错过了。

那么，怎么知道是应该成交的时候了呢？客户的购买信号有很多，但是很少有直接表述的，这就需要销售人员仔细观察、并及时把握这些暗示的语言动作，从而推进成交的快速进行。

购买信号的表现形式是复杂多样的，一般可把它分为语言信号、身体信号和行为信号。购买信号一旦出现，就要及时抓住机会，促进成交。

1. 语言信号。

客户购买信号的表现是很微妙的，有时他可以通过某些言语而将这些信号传递给销售人员。例如：

"听起来倒挺有趣的……"

"我愿……"

"你们的售货条件是什么？"

"它可不可以被用来……"

"多少钱？"

总之，客户如果将购买信号隐藏在他们的言语中，这时销售人员更要具有很强的辨别能力，从客户的言语中找到其真实的感受，促成与客户之间的交易。

2. 身体信号。

客户的身体语言是无声的语言，它也能够表现出客户的心情与感受，表现形式更微妙，更具有迷惑性。请注意观察客户是否：

突然变得轻松起来；

转向旁边的人说："你看怎么样？"

突然叹气；

突然放开交叉抱在胸前的手（双手交叉抱在胸前表示否定，当把它们放下时，障碍即告消除）；

身体前倾或后仰，变得松弛起来；

松开了原本紧握的拳头；

伸手触摸产品或拿起产品说明书。

当以上任何情形出现时，你就可以征求订单了，因为你观察到了正确的购买信号。

3. 表示友好的行为或姿态。

有时客户突然对你表现出友好和客气的姿态：

"要不要喝杯咖啡？"

"要喝点什么饮料吗？"

"留下来吃午饭好吗？"

"你真是个不错的售货员。"

"你真的对你的产品很熟悉。"

请密切注意你客户所说的和所做的一切，也许获得订单的最大绊脚石是销售员本人的太过健谈，从而忽视了客户的购买信号。任何时候你认为你听到或看到了一种购买信号，就可征求订单了。

有经验的销售人员会捕捉客户透露出来的有关信息，并把它们作为促成交易的线索，勇敢地向客户提出销售建议，使自己的销售活动趋向成功。而这些购买信号对促成销售人员与客户之间的交易也发挥了重大的作用,作为销售人员应该对购买信号具有高度的灵敏性。一般来说,观察客户的购买意图是不难的。通过察言观色,根据客户的谈话方式或面部表情的变化,便可以做出判断。

有时,虽然客户有购买意图,但是他们仍然会提出一些反对意见。这些反对意见也是一种信号,说明双方很快就有可能达成协议,促成交易的顺利完成。例如,客户可能还会向你提出:"这种产品在社会上真的很流行吗?""这种材料是否经久耐用?"等等,这些反对意见一般来说都不是根本的反对意见,客户一般也不把这些反对意见放在心上。如同做出其他任何一种决定一样,在决定拍板时,客户心里总是犯嘀咕,认为这是决定性的时刻,成败都在此一举,因此客户会有各种各样的顾忌,如费用、购买后果、购买后出现的困难、产品使用方面的困难等等。

总之,对客户所表现出来的购买信号要善于获取,利用它实现最后的成交,还要处理好这时客户提出的反对意见,确保交易能顺利进行。

错误5 不合时机地使用"激将法"

我们常说"请将不如激将",在销售洽谈的成交阶段,销售人员若能巧妙地运用激将法，一定能收到积极的效果，取得更多的成交机会。但在使用时要看清楚对象、环境及条件，不能滥用。否则不但会丢了生意，甚至可能反目成仇地得罪了人，给自己的销售活动制造种种不确定的隐患。

国内某纺织厂的一位销售员去一家商场销售布匹，一上楼，这个楼层卖布料的摊主纷纷围着看，问这问那。其中有位貌不惊人却很清瘦的摊主说："这布质量差了点，并且价格太贵。"没想到这位销售员不近人情，挖苦那位摊主说："看你这样也没做过大买卖，我这布就算是一尺六毛钱你都买不起！"这话大大伤害了摊主的自尊心。碍于情面，那位摊主努了努嘴，只是用不屑一顾的眼角扫了扫那位布匹销售员。可那位销售员可来劲了，接着说："怎么，还不服气呀？你要是买得起，我这就六毛钱卖给你！看你也买不起！"

听到这句话狠话，那位摊主再也按捺不住心头的怒火了，他慢条斯理地说："这位先生，今天算你说对了，鄙人确实没做过大买卖，没挣过大钱，现在还是卖布的小贩一个，充其量是混口饭吃，但你今天这么看不起人，给你台阶你硬不下，这我就不能不说你两句了。说大话，挖苦人，这可是咱做生意的忌讳呀！你这种人别说是出门在外吃亏，就是在家里过日子也不行……""得得得，别说废话，你买不买？"销售员更来劲了。"好好好，你开单子吧！"那位摊主动真格的了。唰唰唰，销售员开好了单子并把布匹包装一撕开，双手叉着腰说:"请验货付款!"生意就在这种挖苦与反驳的唇枪舌剑中成交了。当摊主毫不费力地开出现金支票塞进那位销售员手里请他走好时，销售员的脸抽搐了一下，豆大的汗珠也随之下来了。内行人都知道，这布是国内一家著名的厂家的产品，出厂价为1.27元，半价出手，岂不损失一大笔钱？事后，这位摊主大仁大义地找到那位销售员，按出厂价给他补齐了差额，感动得那位销售员一直给人家赔不是。

这都是经验不足闯下的祸，挖苦人也违反了销售的大忌。用激将法的时候要有的放矢，万万不可将之视为放之四海而皆准的真理。

在销售过程中，客户拥有成交的最后决定权。销售人员为了促成订单，可以采用激将法"逼迫"客户签单，但是必须以不伤害客户的自尊为前提。如果销售人员伤害了客户的自尊，往往就容易导致客户不再愿意与销售人员交易，甚至还会因自尊问题惹出其他问题。因此，正确使用激将法应该是在不刺激对方自尊的基础上，切中对方的要害进行激将。例如，销售人员推销产品给客户时，用"您不想买"而不用"您是因为没钱，买不起"来激将客户，就把握得非常有分寸。

一位保险销售人员在向其客户推销保险时，客户对保险产品的情况了解以后，却迟迟不愿意签单购买保险。

对此，销售人员说:"现在，很多负责任的先生都会给自己的妻子和儿女买保险。因为他们觉得关爱自己的妻子和儿女是自己最大的光荣和责任，为妻子和儿女买保险是对他们无限关爱的一种方式。尤其是人身安全保险，它不仅是一种投资，而且体现了一位丈夫对妻子的关爱和呵护，一位父亲对子女的无限挚爱。我遇到了很多先生为他们的妻子和儿女买保险时，都是毫不犹豫地签单。像您这样犹犹豫豫的，我见得比较少。"

客户听了以后，说："还是等一段时间再说吧！"

销售人员说："我想这不是您的真正理由！您是没有把做丈夫和做父亲的责任放到足够高的位置。您要关心他们，就要时刻期望他们平安，而为他们买平安保险是关心他们平安的重要体现。现在，您的妻子和儿女都没有投平安险，实在看不出您对他们的关爱。"

客户一向是一位优秀的丈夫、称职的爸爸，听了销售人员的话，便说："那就买两份保险吧，反正为了他们也不在乎两份保险的钱。"

销售人员说："那是，那是，那就请您代替您的妻子和儿女签下名字吧！"

就这样，该销售人员很快就获得了客户的签单。

当我们与客户交谈之后，很多时候，虽然有的客户有购买产品的欲望，但却犹豫不定，始终拿不下主意。当销售员在面对这些顾客时，若想促进他们下定决心购买，进而成功成交这一笔订单，不妨尝试利用他们的好胜心或自尊心，运用激将法使他们迅速签单。优秀销售员都懂得运用这种促成订单的技巧,因为它简单而有效,我们也可以借鉴这种销售手段进行销售。

在销售过程中,激将法是销售人员促成订单的常用技巧之一,也是巧妙地"逼迫"客户成交的技巧之一。要想成功地运用此法,促使客户尽快签单,销售人员需要仔细揣摩,并在运用中熟练掌握其技巧和奥秘。

错误 6 不会重复交易,只有一锤子买卖

某家电公司推销人员小王,主要销售电视机、洗衣机等大件家电产品。每次客户要货,小王都会亲自将货送到客户家里,按客户的要求放到客户认为最合适的位置。如有客户告知需要维修,小王就会及时赶到,快速高效地修好。而另一家电公司的推销人员小马,同样也实行送货上门服务,但每一次都是把货送到门口甚至楼下就不管了,客户要求上门维修,他却迟迟不愿照面,经过三番五次地催请终于来了,却修理不到位,修好的电视机没多长时间就又开始出毛病了。凑巧小王的客户和小马的客户两家相距不远,有一次聊天的时候,话题就扯到家电上面。小马的客户一听小王的客户的介绍,感叹万分,经过介绍,小马的客户见到了小王,并亲身体验了一下他的售后服务。从那儿以后,小马的客户每次遇到亲戚朋友需购买电器时,都会把他们介绍给小王。

前不久，他的儿子结婚添置的家电产品几乎都是从小王的公司买的。

这个事例告诉我们，产品卖到客户手里，并不等于就万事大吉了，销售人员要想真正地得到客户，就不能忽视售后服务的作用，因为如果售后服务做得不好，客户迟早会离你而去。

不论推销什么产品，如果不能提供良好的售后服务，就会使努力得来的生意被竞争对手抢走。赢得订单，固然是推销工作的一个圆满结束，但从长远看，这只是一个阶段性的结束，不是永久的、真正的结束，反而是拓展推销事业的开始——开始提供长久的，良好的售后服务。

任何一家企业都有两类用户：暂时的用户和长久的用户。前者因各种原因而尝试选择购买某种产品，后者则倾心于某一产品及生产这一产品的企业。每一位用户最初都是暂时的用户。真正的推销不仅在于争取更多的暂时的用户，更在于把暂时的用户变为长久的用户并保持住长久的关系，做到这一点的关键在于售后服务。

如今人们买产品，同时也买服务，而且售后服务的好坏已成为人们对某种产品购买与否的重要考虑因素，因此良好的售后服务是推销成功的保证。

有些推销员认为只有产品出现问题后才有售后服务，所以多在"实行三包""终身保修""产品投保"等上做文章，其实对售后服务如此理解是简单、片面的。若想真正保持住用户，就不能一味地把眼睛盯在货物上，而应该把心放在用户身上。

你的销售*错*在哪里?

美国汽车商吉拉德经销汽车11年，每年售出的比其他经销商多得多。在谈到成功的秘诀时他说："我绝不会在用户买了车之后，就把他们抛到九霄云外。我每个月都要寄出1300张以上的卡片。"他的用户十分幸运，每月都能收到一封不同大小、不同格式、不同颜色的精制信封，每一封信都是一件精美的工艺品，以至于用户舍不得扔掉而把它保存起来。吉拉德记住了用户，用户也永远记住了他。当用户再次光临时，吉拉德会尽力提供最佳服务。吉拉德从不让他的用户失望，在他们还没走出商店大门之前，一封"鸣谢惠顾"的信笺早已写好。这种独特的售后服务，使吉拉德与用户建立起一种新型的、持久的联系，一批又一批的暂时用户因此成为了长久的用户。

不仅如此，吉拉德在成交后依然站在客户的一边，他说："一旦新车子出了严重的问题，客户找上门来要求修理，有关修理部门的工作人员如果知道这辆车子是我卖的，那么他们就会马上通知我。我会立刻赶到，一定让人把修理工作做好，让他对车子的每一个小地方都觉得特别满意，这也是我的工作。没有成功的维修服务，销售也就不能成功。如果客户仍觉得有严重的问题，我的责任就是要和客户站在一边，确保他的车子能够正常运行。我会帮助客户要求进一步的维护和修理，我会同他共同争取，一起去对付那些汽车修理技工，一起去对付汽车经销商，一起去对付汽车制造商。无论何时何地，我总是要和我的客户站在一起，与他们同呼吸、共命运。"

吉拉德将客户当做是长期的投资，绝不在卖一部车子后即置客户于不顾。他本着来日方长、后会有期的意念，希望他日客户为他不断介绍亲朋好友来车行买车，或客户的子女成年后将车子卖给其子女。卖车之后，他总希望让客户感到买到了一部好车子，而且能永世不忘。客户的亲戚朋友想买车时，首先便会想到找他，这就是他销售的最终目标。

车子卖给客户后，若客户没有任何联系的话，他就会试着不断地与那位客户接触。打电话给老客户时，开门见山便问："以前买的车子情况如何？"通常白天打电话到客户家里，来接电话的多半是客人的太太，她大多会回答"车子情况很好"，他再问"任何问题都没有吗"，顺便向对方示意，在保修期内该车子应该仔细检查一遍，并提醒她在这期间送到这里是免费检修的。

吉拉德说："我不希望只销售给他这一辆车子，我特别爱惜我的客户，我希望他以后所买的每一辆车子都是由我销售出去的。"

正因为他没有忘记自己的顾客，顾客才不会忘记乔·吉拉德。

推销是一个连续的过程，成交既是本次推销活动的结束，又是下次推销活动的开始。推销员在成交之后继续关心顾客，将会既赢得老顾客，又能吸引新顾客，使生意越做越大，客户越来越多。

第八章 异议不除，
矛盾升级

——消除客户异议中易犯的错误

错误1 不学会控制情绪

在与顾客打交道的过程中，会遇到各种各样的人，也会遇到各种各样的做事方式。面对无礼的顾客，如果销售人员受不了他们的口气，开口反驳，大家争执起来，就等于把顾客赶跑，对生意有害无利。

一个年轻的保险推销员愤怒地摔下电话："这个老东西！不就是有点儿钱吗？说话为什么这么难听，简直不把推销员当人看！"隔了几秒钟，他又打开电话本找了一个电话号码，噼里啪啦地按了起来，然后不到一分钟，他又摔下了电话："为什么我这么倒霉？总遇上这种不好的客户！"

这个推销员不知道自己的问题出在没有控制好情绪，反而怪自己倒霉，当他带着愤怒的情绪给客户打电话时，他就犯了个大错——第二个客户是能够感觉到他情绪的波动的，客户当然不会愿意接受一个带着情绪的推销员。

良好的情绪状态，是保证销售活动正常进行的必要条件。销售人员决不能把不好的情绪传递给客户。因为这样做的结果往往只有两个：其一，使销售流产；其二，给顾客一个不好的印象。因此，我们必须学会控制、调节自己的情绪，善于管理情绪的人，在事业上才比较容易成功。

你的销售 **错** 在哪里?

　　某公交集团有一位出了名的售票员，大家都唤她王姐。她所服务的公交车创下了几十年没有乘客投诉的记录。当被问到工作诀窍时，王姐腼腆地笑着："我没有什么诀窍，就是脾气好而已。"

　　王姐经常向新参加工作的售票员讲述这样一个故事。在某年的十一黄金周，火车站客流量激增。每天上车的人很多，售票员都要不住地劝说："门口的乘客请往里挪一挪！"又一次，在王姐服务的车上，车门关上的一刹那，突然跑来一个乘客。车门一关，那个乘客的脚就被夹在门缝里。

　　王姐急忙开门，那乘客一上来就对司机火冒三丈地嚷："你怎么开车的，人还没上完就关门，找投诉的吧？"

　　车里的气氛顿时紧张起来，眼看一场唇枪舌剑就要爆发。然而，王姐的举动却出乎所有人意料，她走到这位乘客身边，态度和善地道歉："非常抱歉，由于我们的失误让你受伤了。"

　　那乘客还是不依不饶，不但占用了王姐的售票员专用座，还一定要王姐在下一站带他去医院检查。面对乘客的无礼行径，王姐没有生气，依旧和颜悦色地说："请您谅解，等我跑完这趟之后，就立马陪您去医院！"

　　一路上，王姐不停地询问乘客的伤势。等到站时，那位乘客有些激动地说："其实，我的脚一点问题都没有，只是一时生气想发泄一下。你态度这么好，我就不为难你了。谢谢你的服务，下次见吧。"

　　在与乘客的关系中，王姐成功地控制住了自己的脾气，看似处于被动地位，其实事事主动。没有人在和气的"糖衣公关"下不屈服的，也没有烦恼不会融化在和颜悦色中。所以，王姐正是成功地操控了自己的情绪，才操控了整个车厢的气氛。如果王姐没有和颜悦色地安抚乘客，结果可想而知，这位愤怒的乘客肯定会拨打投诉电话，王姐将会因此受到处罚。

卡耐基说："学会控制情绪是我们成功和快乐的要诀。"能否控制自己的情绪是一个人心理素质的体现。凡是成功的销售员，都善于控制情绪。面对不客气的顾客，他们依旧客客气气，保持最有礼貌的态度，以获得他们的信任，甚至满足顾客发泄情绪的需要。结果，顾客感到舒服，很快又会再次光顾，这就是成功之道。

销售工作并非是一帆风顺的，当销售工作发生意外、遇到挫折的时候，如果销售人员不能迅速调整自己的情绪，那么，就很可能被负面的情绪打倒，从而导致销售失败。所以，作为一名销售员要有良好驾驭自我的能力，不管什么样的场合，都保持镇静，这样既不会伤害到别人，也不会伤害自己，给顾客留下良好的印象。

下面有几种消除负面情绪的方法，你不妨试一下：

1. 宣泄情绪法。遇到不如意、不愉快的事情，可以通过做运动、读小说、听音乐、看电影、找朋友倾诉来宣泄自己不愉快的情绪，也可以大哭一场。

2. 取悦自己法。努力增加积极情绪，具体方法有三：一是多交友，在群体交往中收获快乐；二是多立小目标，小目标易实现，每一个实现都能带来愉悦的满足感；三是学会辩证思维，可使人从容地对待挫折和失败。

3. 助人为乐法。多做善事，既可以给他人带来快乐，也可使自己心安理得，心境坦然，具有较好的安全感。

4. 考虑后果法。在遇到发怒的事情时，首先想想发怒有无道理，其次想想发怒后有何后果，然后想想是否有其他方式代替发怒。这样一想，你就可以变得冷静而情绪稳定。

5. 自我催眠法。心情不佳时，可以通过循序渐进、自上而下地放松全身，或者是通过自我催眠、自我按摩等方法使自己进入放松状态，然后面带微笑，想象曾经经历过的愉快情境，从而消除不良情绪。

6. 转移情绪法。当一种需求受阻或者遭到挫折时，可以用满足另一种需求来代偿。也可以通过分散注意力、改变环境来转移情绪的指向。

错误 2　与客户只打价格战

有一些销售新人或经验少的销售人员常常犯这样的错误：怕到手的订单跑掉，所以在面对客户的价格异议时一味地以牺牲自己的利益为代价向客户妥协退让。结果虽然是成交了，但销售利润却很低。有时一味地降低价格，还会令客户觉得产品质量有问题。

一般来说，没有一报价就成交的，客户都有杀价的行为，不论你给的价格有多低，客户都想更便宜一些，所以我们应该坚持自己的价格底线，进行一些行之有效的价格策略，与客户谈出一个既能实现自己利益最大化又能让客户满意的价格。

对客户提出的价格异议，销售员既不用感到恐慌和紧张，也不要仅仅围绕着价格问题与客户展开争论，而应该对客户主动提出价格问题持以欢迎的态度，要看到价格问题背后的积极面，同时还要尽可能地让客户相信你的产品价格完全符合产品的真实价值，最终说服客户实现成交。

在面对客户提出的价格异议时，销售员可以在价格问题之外有效地消除客户的异议，即把客户的注意力转移到其他议项上，让客户把关注的焦点从价格问题转移到他们更感兴趣的产品价值上。这种转移客户注意力的方式比较适用于那些难以突破价格障碍的销售活动，比如当客户总是围绕着价格问题提出异议，而你却无法在价格方面继续做出相应的让步时，或者当你与客户已经在价格问题上谈论了很长时间却一直没有达成一致时，等等。如果在销售过程中，客户一直抓住价格问题不放，而且始终以"价格太高"等说辞作为不购买的理由，那么这主要是因为他们的注意力一直集中在价格上。此时销售员需要想办法将客户的注意力转移到他们比较感兴趣的其他议项上。在实施过程中，销售员可以采取积极的询问、引导式的说明或者配合相应的产品演示等方法，例如，客户："这个价格还是太高了，我们仍然不能接受……"销售员："您曾经有过买便宜货的经验吗？或者您是否看到过有人花低价买回去一些劣质品呢？"客户："我确实看到过花低价买到劣质品的现象……"销售员："谁都知道'一分价钱一分货'的道理，如果花了钱却买了劣质产品，那肯定感觉很不舒服，而且实际上对于花了钱的人来说，不仅没有达到省钱的目的，而且还会带来更多的烦恼。我们公司的这种产品……"请注意，销售员已经把客户的注意力从价格转移到产品本身的价值上了。

在面对价格争议时，销售员还可以采用价格分解的方式消除客户的异议。由于这种方法实际运用起来非常简单,而效果却非常显著,因此一些经验非常丰富的销售员经常会采用此方法。在运用这种方法时,销售员应该紧紧围绕客户比较关注的兴趣点进行,从而让他认可产品的价值。

有一个摩托车厂,他们生产的摩托车比别的摩托车厂家贵一点。一般摩托车的价格是4500元左右,而他们的摩托车要卖5000元。这是因为他们在摩托车的刹车系统方面做了一些特殊的设计,使车的安全性大为提高,当然这样做就使得生产成本上升,自然售价也就比别人的要高。他们的摩托车推向市场后,虽然销售员们工作很努力,但业绩并不是很好。为此他们找了一家顾问公司,想知道是什么原因使他们的产品销售不佳。这个顾问公司经过了解,知道了他们的产品比别人优越的地方,也知道价格确实不能降下去,否则就会亏本。于是,顾问公司经过一番市场调研后,为他们制订出了一个销售模式,就是让所有销售员在推销摩托车时,先问:"您认为一辆摩托车哪个方面最重要?是不是安全呢?"一开始用提问加回答的方式,是因为如果问一辆摩托车什么最重要,顾客一下子可能回答不上来,这样会让其感到困惑,甚至会有种挫折感;或者,如果客户说出的答案与自己的推销策略不符的话,那么就达不到提问的效果了。所以,第一句话应先问对方:"您认为一辆摩托车的哪个方面最重要?是不是安全呢?"对方自然就会回答:"是呀,当然是呀。"然后,销售员再问:"那什么东西最影响摩托车的安全呢?是刹车系统吗?"对方必然会回答:"是啊,是刹车。"随后,销售员可再问:"您觉得一辆摩托车大概能使用多久呢？是3年、5年、10年，还是20年？"就这样在问话的同时，又给出了答案。对方也自然会回答："至少能够用3年，好的可以用到5年、10年。"最后，销售员就可以开始"真正"的推销了，他可继续说："好吧，我们就拿最短的时间3年来说吧，3年也就是有36个月。事实上我们厂的摩托车只比别家多500块钱，您除以36之后，其实每月只多花10多块钱就可以得到一辆安全、耐用的摩托车，难道这不值得吗！"结果，这家摩托车厂的销量在一段时间后便很快上去了。

在通常情况下很多人是不能够接受一个东西比同类产品要贵很多，但是能够接受一个东西一个月只比同类产品贵几毛钱或是几块钱的。所以，即便是同样的产品，同样的价格，在不同的销售模式下，会产生不同的效果。销售员不要把议论的焦点集中在产品的总额上，可以试着让客户忽视产品的总额，而只关注较少的差额。因为数额越小，就越容易让客户感到放松，你也越容易说服客户进行成交。在合适的时候把你的产品价格进行有效分解，让客户感到购买你的产品其实是以特别小的代价换取十分显著的回报。

错误3　与客户争论

销售失败的主要原因之一就是：与顾客争个高低。看看下面这个事例，或许你就明白了。

　　客户:您好,我想问问你们公司最新款笔记本电脑的价格,如果不是太贵的话我想买一台。

　　销售人员:噢,你一定是通过电视广告知道我们推出了最新款的笔记本电脑吧?

　　客户:是的,看电视广告知道你们推出了新款笔记本电脑。我一直用的都是你们的笔记本电脑,我觉得你们的笔记本电脑还不错,可是你们怎么请了那样一个广告小姐呀,长得不好看不说,说话也不好听!还不如请××来做广告呢!

　　销售人员:可是我觉得××更不怎么样,还不如我们的广告小姐呢。我们的广告小姐可是千挑万选才选出来的。

　　客户:你说××不好?她可是整个亚洲最棒的明星。

　　销售人员:什么整个亚洲最棒呀?她不过就是在中国有点名气而已。

　　客户:你太没品位了!她是最棒的!算了,我不买你们的电脑了,我去看看别的品牌!

　　上述案例中,销售人员仅仅因为广告小姐这种无足轻重的事情而与客户发生争执,从而失去一位准客户。实际上,销售人员可以将一些鸡毛蒜皮的小事彻底忽略掉,否则很可能会因小失大地失去客户。

　　所以说,在销售的过程中,千万不要与客户进行争辩,不要错误地以为你在这场争执中取得了胜利,客户就会购买你的商品。当你顺从客户的意思,不与他进行争执时,你输掉的仅仅是这场争执,但赢得的却是这个客户。成功地销售出去你的商品才是你真正的目的所在。

人有一个通病，不管有理没理，当自己的意见被别人直接反驳时，内心总是不痛快，甚至会被激怒。心理学家指出，用批评的方法不能改变别人，而只会引起反感。批评所引起的愤怒常常引起人际关系的恶化，而被批评的事物依旧不会得到改善。当客户遭到一位素昧平生的销售人员的正面反驳时，其状况尤甚。对客户的反对意见完全否定，不管是否在争论时获胜，都会对客户的自尊造成伤害，那么要成功地商洽就是不可能的。屡次正面反驳客户，会让客户恼羞成怒，就算你说得都对，也没有恶意，还是会引起客户的反感，因此，销售人员最好不要开门见山地直接提出反对的意见，要给客户留面子。

有一位名叫克鲁斯的保险销售员，下面是他的一次经历：

有一位客户在购买了克鲁斯的一份意外伤害保险后，忘记了取回一张非常重要的单据。而克鲁斯在交给这位客户一叠材料的时候，已经把所有的单据都帮他整理好了，可能是这位客户在克鲁斯的办公室看完后遗漏了。于是，这张重要的单据就隐藏在克鲁斯存有一堆客户资料的文件夹里，之后被束之高阁了。

三个月之后的一天，这位客户在外出旅游时不慎摔伤，当他找到保险公司要求赔偿的时候，保险公司要他提供两张证明，否则不予赔偿，其中就有他遗忘的那张单据。

其实，在这种情况下，克鲁斯没有任何责任，他也不知道那张要命的单据就在他这里。当那位客户找到克鲁斯的时候，克鲁斯迅速和他一起寻找那张单据，他帮助客户仔细地回忆了存放单据的每一个细节，但始终找不出单据的下落。

后来，克鲁斯把存放客户资料的文件夹取出进行查找，当客户看到那张单据的时候,埋怨他不负责任,而克鲁斯却真诚地说:"真对不起,是我工作的失职,没有提醒您取走这张重要的单据,差点就耽误了您的事情。"

　　经过了这件事情以后,克鲁斯不但没有失去这位客户,反而赢得了这位客户的信任。后来,他还为克鲁斯介绍了很多的客户。

　　就这件事情本身而言,显然客户是错的,是客户自己忘记拿走那张重要的单据,克鲁斯可以理直气壮地说明情况,如果这样做,能说克鲁斯错了吗?但他并没有这样做。在为客户找单据的同时甚至将客户的错误主动地揽到自己的身上。试想,客户错了的时候你据理力争,把客户说得哑口无言,即便客户认识到是自己的错误,心里会舒服吗?心中不悦便不会再来,其结果是你做得再对,最终失去的是客户,与销售的最终目的——通过赢得客户获得经济效益是相悖的。相反,抱着尊重客户的态度,抱着"客户永远是对的"这样一种理念,以理解的方式处理客户遇到的所有问题,甚至主动把责任揽过来,达到让每一位客户满意,则与销售的最终目标是一致的。

　　潘恩人寿保险公司立下了一项铁律:"不要争论。"真正的销售精神不是争论,人的心意不会因为争论而改变。正如睿智的本杰明·富兰克林所说的那样:"如果你老是抬杠、反驳,也许偶尔能获胜;但那是空洞的胜利,因为你永远得不到对方的好感。"

　　面对客户的责难或者不信任,你最好的办法就是顺从他们的意思,用事实来证明给他们看。销售人员一定不要回避客户的争辩,更不要试图与他们去进行争辩,而是要想方设法引导客户去

说，支持客户去说，鼓励客户去说，让客户公开发表自己不同的
意见，这样对双方都有一定的好处。因为只有这样，客户才会感
觉自己受到了重视，而你也知道了他心底真正的想法，这对销售
的成功是极为有利的。

错误4　不善于处理客户的抱怨与投诉

有这样一个发生在餐厅里的故事：

"服务员！你过来！你过来！"一位顾客高声喊，指着
面前的杯子，满脸寒霜地说，"看看！你们的牛奶是坏的，
把我一杯红茶都糟蹋了！"

服务员跑过来一看，原来是顾客将新鲜的柠檬放入了牛
奶中。

于是，服务员大声质问顾客："你难道不知道在牛奶中
加入柠檬，会造成牛奶结块吗？"

顾客一听，脸面挂不住了，更生气了。

于是，两人的争吵开始升级，甚至动起手来。

显然，这个事例中的服务员没有妥善处理好客户的投诉和抱
怨，这是很多销售人员常常犯的错误之一。

在销售过程中，我们经常会听到客户的抱怨，如价格高、
质量差、服务不到位等。客户的这种抱怨是客户不满意的一种
表现，如果销售人员不能处理好，很可能会给自己的工作带来
负面的影响。时间一长，产生的破坏力就不可估量。因此，要

你的销售 *错* 在哪里?

正确处理客户的抱怨,就要站在客户的立场上去看问题,耐心地跟客户沟通,从而与客户达成共识,让客户成为你产品的忠实消费者。

从心理学来讲,客户一旦产生了不满情绪,总想找一个发泄通道,希望有人倾听他的"苦衷",希望能被人理解、被人关心。这时候如果销售人员非常愿意当客户的倾听者,必然会让客户感动,同时也会促进双方之间的感情。

国庆节期间,一位客户申请安装一部固定电话,一切都按客户的要求进行安装。可不知哪个环节使这位客户不满意,在重新安装时,他又有了抱怨,而且说了好几句难听的话。在场的装机维护中心的主任一言不发,静静地看着那位客户,不气不恼,样子很像认真聆听的小学生。足足半小时,客户累了,终于歇了口,看着不动声色的主任,开始为自己的举动而内疚。他对主任说:"真不好意思,我的脾气不好。被我这样吵闹,你还不在意。"主任说:"没事,没关系,这些都是你的真实想法,我们会虚心接受的。"

事情过去后,出人意料的是,这位客户又陪朋友到电信局申请安装一部电话。现在主任和他还成了好朋友。

这个故事告诉我们,当客户投诉或抱怨时,无论开始的脾气有多大,只要我们耐心地听,鼓励他把心里的不满都发泄出来,那么,他的脾气会越来越小。只有客户恢复了理智,才能正确地着手处理面前的问题。而且因情绪激动而失礼的顾客冷静下来以后,必然有些后悔,这比我们迎头反击他们要有效得多。

任何一项工作完成的优劣关键看态度,原因就在于态度决定一切。在处理客户的抱怨时，我们首先要有良好的心态，这是处理好客户抱怨的前提。然而当抱怨真正发生时，面对客户的情绪化表现，真正让我们保持一颗平和的心态去体谅客户的心情、去对待客户的过激行为其实不容易，这就要求我们树立正确的人生观、坚强的意志力、一定的忍耐性和自我牺牲的精神，倾听客户的阐述，避免言语上的冲突，以平息客户的抱怨。

以下是妥善处理客户抱怨的几个原则：

1. 及时了解客户抱怨的原因。

客户的满意度可以从三个方面来体现，即产品和服务的质量、客户的期望值、服务人员的态度与方式。既然客户抱怨是对产品不满意的表现，那么，抱怨的原因也就可以说是因为这三个方面出现了问题。

（1）产品或服务质量出现问题。这一问题是最为直接的，如产品本身存在问题，质量没有达到规定的标准；产品的包装出现问题，导致产品损坏；产品出现小毛病；客户没有按照说明操作而导致出现故障等等。一般认为，这是客户抱怨的最主要原因。

（2）客户对于产品或服务的期望值过高。客户往往会将他们所要的或期望的东西与他们正在购买或享受的东西进行对比，以此评价购买的价值。一般情况下，客户的期望值越大，购买产品的欲望相对就越强烈。但当客户的期望值过高时，客户的满意度就会变小，容易对产品产生抱怨。因此，企业应该适度地满足客户的期望。

（3）服务态度和方式问题。当为客户提供产品和服务时，如果我们缺乏正确的推销技巧和工作态度，都将导致客户的不满，往往容易使客户产生抱怨。

2. 处理抱怨的技巧。

在处理客户的抱怨时，除了要依据一般程序外，还要注意与客户保持沟通，改善与客户的关系。掌握实用的小技巧，有利于缩小与客户之间的距离，赢得客户的谅解与支持。

（1）心态平和。对于客户的抱怨要有平常心态，客户抱怨时常常都带有情绪或者比较冲动，这时，应该体谅客户的心情，以平常心对待客户的过激行为，不要把个人的情绪变化带到对抱怨的处理之中。

（2）认真倾听。大部分情况下，抱怨的客户需要忠实的听者，喋喋不休的解释只会使客户的情绪更差。面对客户的抱怨，我们应掌握好聆听的技巧，从客户的抱怨中找出客户对于抱怨期望的结果。

（3）转换角色。在处理客户的抱怨时，我们应站在客户的立场思考问题："假设我自己遭遇客户的情形，将会怎样做呢？"这样能体会到客户的真正感受，找到有效的方法来解决问题。

（4）保持微笑。满怀怨气的客户在面对春风般温暖的微笑时会不自觉地减少怨气，与我们友好合作，这样便可以取得双方满意的结果。

（5）积极运用肢体语言。在倾听客户的抱怨时，我们要积极运用肢体语言进行沟通，促进对客户的了解。比如，用眼神关注客户，使他感觉到受重视；在客户抱怨的过程中，不时点头，表示肯定与支持。这些措施都能鼓励客户表达自己真实的意愿，并且让客户感到自己受到了重视。

总之，面对客户的不满、抱怨以及投诉时，销售人员都要积极地面对这些负面信息，耐心地倾听，并及时沟通协调，帮客户解决问题，从而更好地服务于客户。这样，不满的声音会越来越少，客户会越来越多，生意也就越来越好了。

错误5 不给客户讨价还价的机会

有一对夫妇在一次画展上，看到了一幅山水画。太太非常喜欢，高兴地说："太美了，简直太美了！"

"恩，的确是很漂亮！"先生答道，"但是我们说好了，超过500元我们就不要了。"

先生于是上前去问："我也不多说，这幅山水画我准备出个价钱，我不喜欢讨价还价，250元，卖不卖？"销售人员连眼都不眨一下，就说道："拿走吧。"

这位先生的反应会怎么样呢？会不会得意洋洋、沾沾自喜地想："太好了，省了一半的钱呢！"不会的，你可以想象下自己在同样的情形下会有怎么样的反应，他的第一个反应必然是："怎么搞的，也许150元都能敲定。这幅山水画一定有问题！"

当他拿着那幅山水画走向停车场的时候，自己心里会想："这幅山水画应该很沉才对，怎么这么轻呢？是不是次品？"

实际上，一点儿毛病也没有，那幅山水画挂在走廊的时候，的确看上去看美观。只是这对夫妻的心情却总是轻松不起来。为什么？就是这位销售人员太痛快地接受了他们250元的出价。

客观地讲，这个价格对于那位销售人员来说已经很低了，销售人员一方根本没有赚到多少钱。不过这对夫妻却会觉得自己上当了，买贵了，这就是人的心理在起作用。

这对夫妇的购物经历，十分形象地说明了过快地接受客户提出的价格并没有给销售人员带来多少好处，反而会顾客觉得自己买亏了。

一般来说，和顾客讨价还价要分阶段一步一步地进行，不能一下子降得太多，而且每降一次要表现出一副一筹莫展、束手无策的无奈模样。在口头上可以做一点适当的小小的妥协。比如可以这样对他说："我可是从来没有以这么低的价钱卖过的啊。"或者"没有办法啊，碰上你，只好最便宜卖了。"这样使顾客觉得比较便宜，又证明了他砍价的本事，他是乐于接受的。

一天，一位顾客看上老张店里一套服装，标价为800元。

顾客说："你便宜点吧，500元我就买。"

老张回道："你太狠了吧，再加80元，也图个吉利。"

"不行，就500元。"

随后，老张又与顾客经过一番讨价还价，最终谈妥以520元成交。

但是，当顾客掏出钱包准备付款时，却发现自己身上所有零钱整钱凑齐也只有490元了。老张为难地说："那太少了，哪怕给我凑整个五百呢？"顾客说："不是我不想买，的确是钱不够啊……"最后，老张似乎狠下心说："好吧，就490吧，算是给我今天买卖开张了，说实话，真的一分钱没挣你的。"顾客490元拿着这件衣服，开开心心地走了。

老张真的一分钱没赚吗？当然不可能。因为这只是老张故意使用的诡计。其实老张心里最清楚不过，那件衣服进价也就280元，给出800元的标价为的给顾客心理上制造"高档"商品的感觉，同时留出顾客砍价的空间，在讨价还价中得出顾客愿意支付的价格，最终，老张能赚得利润，消费者也在砍价过程中得到了乐趣和成就感，感觉自己占到了便宜，自然也就达成了一桩愉快的买卖。

对于消费者来说，购物常常是一场斗智的心理战。如果通过砍价，买到一件价格明显低于自己设想，质地样式又特别喜欢的商品，心理上会产生极大的愉悦感和自豪感。所以我们销售员也要迎合消费者的这种心理，满足他们砍价的乐趣。即使产品有很高的利润，降价也不要一次性降得太多。这样客户会更加不相信产品质量。虽然你心里想降价，但是表面上都不能急于答应客户，只有让客户好不容易达成的目标，他才有成就感，也乐意购买。因为客户不要便宜产品，但是他们喜欢占便宜。所以降价一定让客户知道这个产品本身是很贵的，由于某某原因，所以才便宜卖给你，这样客户才感觉非常值。

总之，当客户认同了你的产品，希望你降低价格时，你应积极应对客户的讨价还价，充分利用各种谈判技巧与客户沟通，以赢得客户的好感。

错误6 单方面做过早的让步

某化妆品公司的推销员小王向赵女士推销产品，赵女士虽然认可了她的化妆品，但是对化妆品的价格却老是皱着眉头。小王知道，如果不在价格上让步，赵女士就不会轻易购买自己的产品。于是，小王在价格上做出了让步，但是她明确向赵女士表示，下次在购买该产品的时候，就必须按照原来的价格。赵女士一脸高兴地答应了。

没过多久，小王接到赵女士的电话，向她大量订购该化妆品，可是却不愿意以市面价格成交。小王多番向她解释，第一次的优惠价差不多就等于是试用价格，这一次她大量购买必须按照原价格才可以。可是赵女士不但不遵守自己的承诺，还说假如这样那就永远不会再向她购买任何化妆产品。

很多人会像小王那样认为，假如不先让步，谈判就会无法进行下去。持有这样想法的人，往往就是最先让步给别人的人，也是输得最惨的人。诚然，销售谈判是双方为最终达到利益交换，而不断进行让步的一个过程。适当的让步有助于缓和紧张的销售氛围，然而让步也需要讲究方法。如果销售员让步过早，或者每次的让步幅度过大，不能正确把握让步的尺度，不给自己的销售留退路，就很可能陷入两难的境地。从而给接下来的销售工作带来影响。

在价格谈判中，有一条很重要又很单纯的原则是：不要单方面做过早的让步，否则你会在下面的销售谈判中陷入被动。缺乏经验的销售人员总会过早地作出让步的倾向，其结果非常糟糕。过早的让步，会使你失去在下一阶段与对手讨价还价的本钱，并使自己产品或服务在客户心目中的价值大打折扣。若你真的要做出让步的话，就必须确保你让步的方式能够准确地传递你本来希望表达的信息，同时尽可能多地掌握对客户来说有价值的资料，以便让你在让步中得到应有的补偿。

小刘是一家电子公司的销售员，几天前，他曾拜访了一位客户，客户对他们公司的产品很感兴趣。这天，小刘第二次拜访这位客户，继续与其讨论价格问题。在经过一番寒暄之后，双方谈到了价格问题。

销售员："您觉得还有什么问题吗？"

客户："我觉得你们的产品价格还是偏高，如果你能再降些价格，我们可能会认真考虑一下……"

销售员："我想对于我们产品的质量您是十分清楚的，我公司的电子配件之所以这样受欢迎，完全得益于其良好的质量和信誉。如果您购买我们公司的产品，是绝对不用担心质量问题的，而且我们的售后服务非常到位，相对于此，我们的价格应该还是比较合理的。"

客户："你们的产品质量的确不错，不过我还是觉得贵了点。如果能再优惠一些我会考虑的。"

销售员："这样，每件电子配件我们再降10元，这个价格已经很低了，不能再降了。"

客户："这个价格也不低啊，能再降一些吗？"

你的销售**错**在哪里?

> 销售员:"这样,我们电子配件单价的降价范围是不能超过20元的,说实话,对于那些合作多年的老客户,我们也始终没有超过这个范围。如果您真的想要我们公司的产品,我就给您个特惠价,每件电子配件我们给您降20元。就全当您是我们的老客户了。您看怎么样?"
>
> 客户:"哦,那好。就这样吧。"

通常在销售谈判中,采取适当的让步在所难免。但是这种让步必须是有计划、有步骤的,因为你需要通过让步来传递某种信息,并以此来换取客户的让步,这样可以知道你做出的让步在客户心目中的价值。所以,未经计划的让步是不可取的。

在产品的销售中,买家和卖家之间永远会在价格的问题上产生争议和分歧,双方都做出适当的让步也是必要的。但是这种让步并不是一方无条件、无休止的让步,而是谈判双方各让一步,并最终顺利成交。试想,谁又会愿意做出无条件、无限制的让步呢?让步的背后必然是有着明确的目的性,必定是为了争取自身的利益才做出的让步。所以,永远不要做无条件的让步。否则,你会白白地丧失很多东西。你在让步的同时,必须也让对方作出一定的妥协。